Découvrez l'histoire par les archives de presse

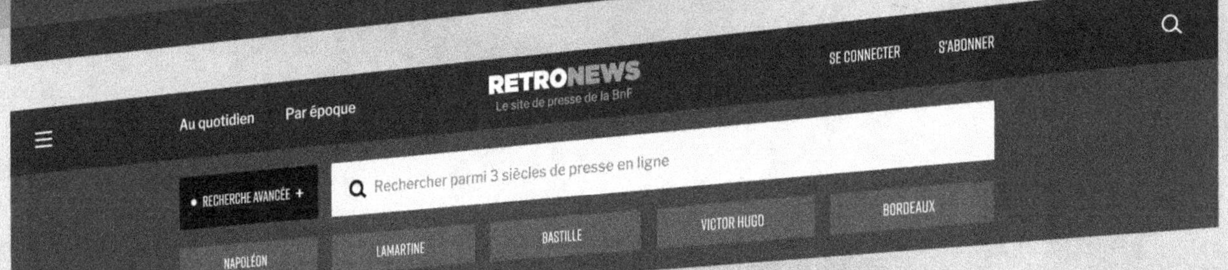

RETRONEWS

Le site de presse de la BnF

www.retronews.fr

Dix-huitième année. — N° 14   **48, Rue de Maubeuge, Paris**   4 Avril 1893

LE FER

REVUE MÉTALLURGIQUE, COMMERCIALE ET FINANCIÈRE

Paraît tous les Mardis

ABONNEMENTS
France : Un an .... 12 fr.
Étranger : Port en sus.

ANNONCES
Envoi du tarif sur demande adressée à
M. Delyon, Propriétaire-Gérant.

Toutes les lettres
doivent être adressées à M. Delyon,
Propriétaire-Gérant.

Les abonnements partent des 1er et 15
de chaque mois.

UN NUMÉRO 70 CENTIMES

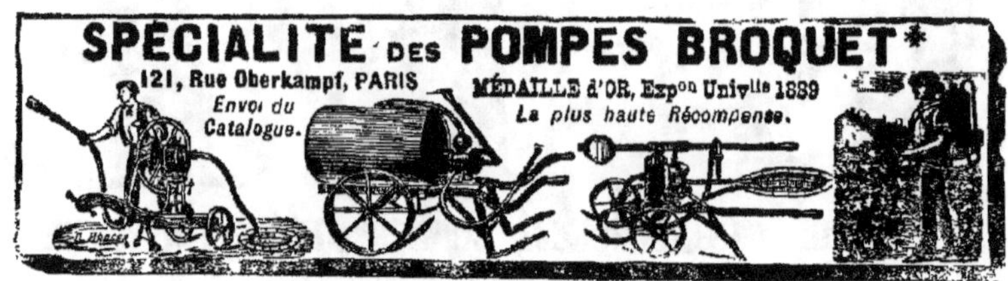

SPÉCIALITÉ DES POMPES BROQUET*
121, Rue Oberkampf, PARIS
Envoi du Catalogue.
MÉDAILLE d'OR, Exp^on Univ^lle 1889
La plus haute Récompense.

CHEMINS DE FER DE PARIS A LYON ET A LA MÉDITERRANÉE

SERVICES RAPIDES

Entre Paris et Barcelone

Billets directs — Enregistrement direct des bagages

Trajet rapide en 23 heures 3/4.

La Compagnie P.-L.-M. a organisé des services rapides permettant d'effectuer le trajet de Paris à Barcelone et vice versa, via Lyon, Cette, en 23 heures 1/4.

Aller. — Départ de Paris, les lundis, jeudis et vendredis à 8 h. 25 matin ; arrivée à Narbonne le lendemain à 1 h. 51 matin, à Perpignan à 3 h. du matin, à Barcelone à 8 h. 43 matin.

Retour. — Départ de Barcelone les lundis, jeudis et samedis à 8 h. soir, de Perpignan le lendemain à minuit 23, de Narbonne à 1 h. 45 matin ; arrivée à Paris à 5 h. 45 soir.

Les autres jours de la semaine, les trains de Paris à Barcelone partent de Paris à 8 h. 55 matin et arrivent à Barcelone à 10 h. 0 matin et ceux du retour partent de Barcelone à 1 h. 45 soir pour arriver à Paris à 5 h. 55 soir.

CHEMIN DE FER DU NORD

PARIS-LONDRES
Cinq services rapides quotidiens dans chaque sens

Trajet en 7 h. 1/2. — Traversée en 1 h. 1/4.

Tous les trains, sauf le Club-Train, comportent des deuxièmes classes.

Départs de Paris (via Calais-Douvres) : 8 h. 22, 11 h. 30 du matin, 3 h. 15 (club-train) et 8 h. 25 du soir ; (via Boulogne-Folkestone) : 10 h. 1 matin.

Départs de Londres (via Douvres-Calais) 8 h. 20, 11 h. du matin, 3 h. (club-train) 8 h. 15 du soir ; (via Folkestone-Boulogne) 10 du matin.

Les voyageurs munis de billets de 1re classe sont admis, sans supplément, dans la voiture de 1re classe ajoutée au club-train entre Paris et Calais.

De Calais à Londres, supplément de 12 fr. 50.

Un service de nuit accéléré à prix très réduits à heures fixes (via Calais) en 10 heures.
— Départ de Paris à 6 h. 10 du soir. — Départ de Londres à 7 h. du soir.

Un service de nuit à prix très réduits et à heures variables (via Boulogne-Folkestone).

Voyage circulaire en Bretagne

Billets d'excursions délivrés toute l'année
Première classe, 65 fr. — Deuxième classe, 50 fr.

Les Compagnies de l'Ouest et d'Orléans délivrent depuis le 15 août 1891, aux prix très réduits de 65 francs en première classe et 50 francs en deuxième classe, des billets circulaires valables 30 jours, comprenant le tour de la presqu'île bretonne, savoir : Rennes, Saint-Malo, Dinard, Saint-Brieuc, Lannion, Morlaix, Roscoff, Brest, Quimper, Douarnenez, Pont-l'Abbé, Concarneau, Lorient, Auvray, Quiberon, Vannes, Savenay, Le Croisic, Guérande, Saint-Nazaire, Pont-Château, Redon et Rennes.

Ces billets pourront être prolongés trois fois d'une période de 10 jours, moyennant le payement, pour chaque prolongation, d'un supplément de 10 o/o du prix primitif.

Le voyageur partant d'un point quelconque des réseaux de l'Ouest et d'Orléans pour aller rejoindre cet itinéraire, peut obtenir, sur demande faite à la gare de départ quatre jours au moins à l'avance, en même temps que son billet d'excursion, un billet de parcours complémentaire comportant une réduction de 45 o/o, sous condition d'un parcours minimum de 150 kilomètres ou payant comme pour 150 kilomètres.

La même réduction lui est accordée après l'accomplissement du voyage circulaire, soit pour revenir à son point de départ initial, soit pour se rendre sur tel autre point des deux réseaux qu'il a choisi.

CHEMINS DE FER DE PARIS A LYON ET A LA MÉDITERRANÉE

Grandes Fêtes à Rome à l'occasion du Jubilé épiscopal du Pape.

BILLETS D'ALLER ET RETOUR DE 1re, 2e ET 3e CLASSES, A PRIX RÉDUITS

POUR ROME

Valables pendant 60 jours.

Délivrés dans toutes les gares du réseau sur demande adressée 3 jours au moins à l'avance.

1° Aller et retour par le Mont-Cenis. — Itinéraire : Modane, Turin, Gênes, Pise et retour par la même voie ;

2° Aller et retour par la Corniche. — Itinéraire : Vintimille, San-Remo, Gênes, Pise et retour par la même voie ;

3° Aller par le Mont-Cenis et retour par la Corniche ou réciproquement. — Itinéraire : Modane, Turin, Gênes, Pise, Rome, Pise, Gênes, Vintimille ou vice-versa.

Prix des billets :

Les prix des billets seront ceux fixés par le tarif spécial des billets d'aller et retour ordinaires pour les parcours P.-L.-M. et ceux indiqués ci-après pour les parcours italiens, selon l'itinéraire choisi :

1° Pour les aller et retour via Mont-Cenis : 1re classe, 122 fr. 75 ; 2e classe, 85 fr. 70 ; 3e classe, 52 fr. 80.

2° Pour les aller et retour par la Corniche : 1re classe, 103 francs ; 2e classe, 72 francs ; 3e classe 44 francs

3° Pour les aller par le Mont-Cenis et retour par la Corniche : 1re classe, 112 fr. 90 ; 2e classe, 78 fr. 90 ; 3e classe, 48 fr. 50.

Franchise de 30 kilos de bagages sur les parcours français ; aucune franchise de bagages sur les parcours italiens.

Billets valables pour tous les trains comportant des voitures de même classe, dans les mêmes conditions que les billets à plein tarif.

Arrêts facultatifs sur le réseau P.-L.-M. Trois arrêts au choix du voyageur en Italie, tant à l'aller qu'au retour.

CHEMIN DE FER DU NORD

Paris-Londres

Cinq services rapides quotidiens dans chaque sens
Trajet en 7 h. 1/2 — Traversée en 1 h. 1/4.

Tous les trains, sauf le club-train, comportent des 2e classes

En outre, les trains de malle de nuit partant pour Londres à 8 h. 25 du soir et de Londres pour Paris à 8 h. 15 du soir prennent les voyageurs munis de billets de 3e classe

Départs de Paris.

Via Calais-Douvres : 8 h., 11 h. 30 du matin, 3 h. 15 (club-train), 8 h. 25 soir
Via Boulogne-Folkestone : 10 h. 20 du matin.

Départs de Londres

Via Douvres-Calais. 8 h., 11 h. du matin, 3 h. (club-train) et 8 h. 15 soir.
Via Folkestone-Boulogne : 10 h. du matin.

Les voyageurs munis de billets de 1re classe sont admis, sans supplément, dans la voiture de 1re classe ajoutée au club-train entre Paris et Calais.

De Calais à Londres, supplément de 12 fr. 50.

CHEMINS DE FER DE PARIS A LYON ET A LA MÉDITERRANÉE

VACANCES DE PAQUES

Billets d'aller et retour à prix réduits

A l'occasion des vacances de Pâques, les billets d'aller et retour à prix réduits, délivrés du 27 mars au 11 avril 1891, en vertu du tarif spécial G. V. n° 5, seront tous valables jusqu'aux derniers trains de la journée du 13 avril.

Les billets d'aller et retour de ou pour Paris, Lyon et Marseille conserveront leur durée normale de validité lorsqu'elle sera supérieure à celle fixée ci-dessus.

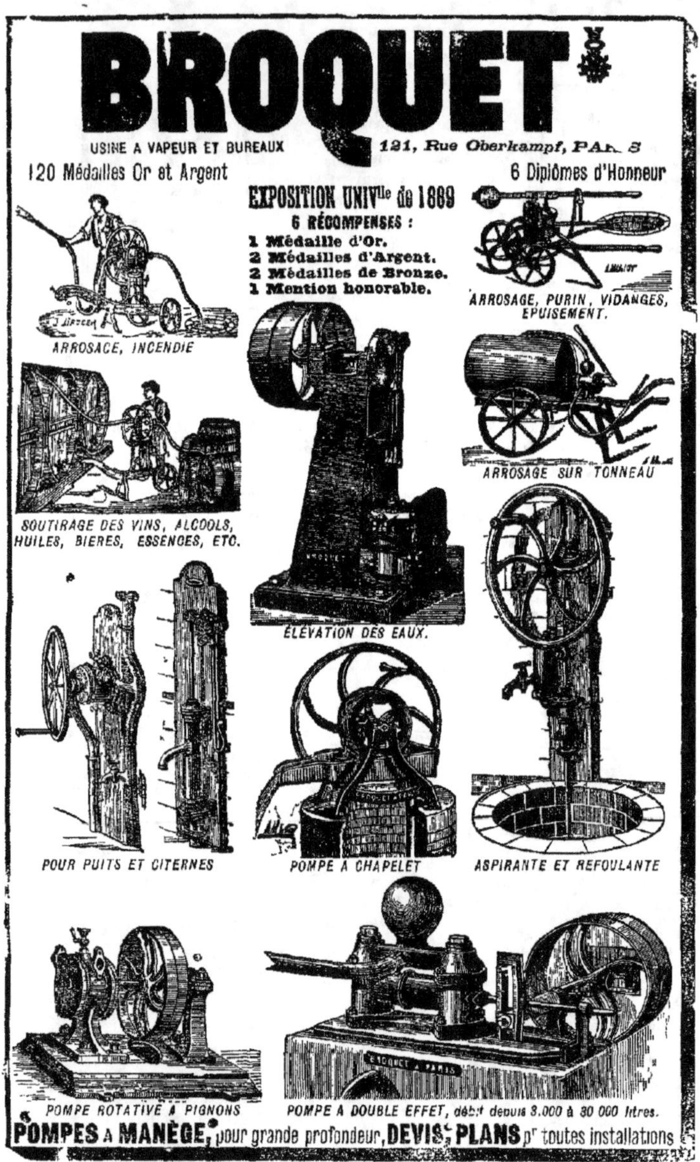

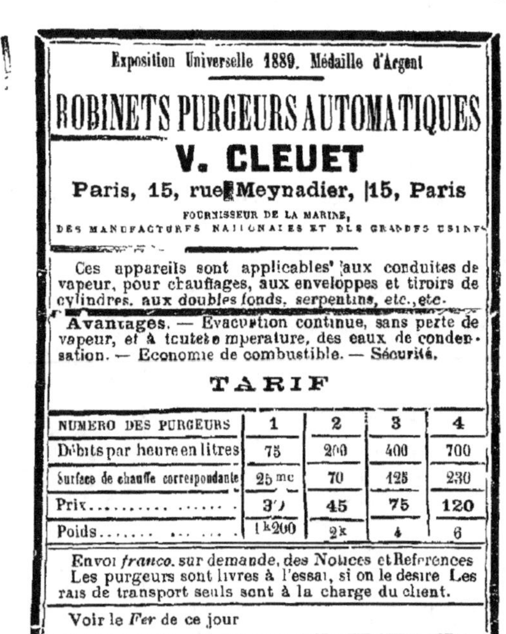

Exposition Universelle 1889. Médaille d'Argent

ROBINETS PURGEURS AUTOMATIQUES
V. CLEUET
Paris, 15, rue Meynadier, 15, Paris

FOURNISSEUR DE LA MARINE,
DES MANUFACTURES NATIONALES ET DES GRANDES USINES

Ces appareils sont applicables aux conduites de vapeur, pour chauffages, aux enveloppes et tiroirs de cylindres, aux doubles fonds, serpentins, etc., etc.

Avantages. — Évacuation continue, sans perte de vapeur, et à toute température, des eaux de condensation. — Economie de combustible. — Sécurité.

TARIF

NUMÉRO DES PURGEURS	1	2	3	4
Débits par heure en litres	75	200	400	700
Surface de chauffe correspondante	25 mc	70	125	230
Prix	30	45	75	120
Poids	1k200	2k	4	6

Envoi franco, sur demande, des Notices et Références
Les purgeurs sont livrés à l'essai, si on le desire Les rais de transport seuls sont à la charge du client.

Voir le *Fer* de ce jour

INSERTIONS GRATUITES

Pour les Abonnés et pour les Ingénieurs de l'École Centrale et des Écoles d'Arts et Métiers — Pour les Employés et Ouvriers de Forges, Fonderies et Hauts Fourneaux — Pour les Employés des Maisons de Quincaillerie et de Fers

Nous prions ceux de nos abonnés qui nous demandent des renseignements de joindre toujours un timbre pour la réponse, sans quoi il ne serait pas donné suite à leur demande.

Spécialité de roues en fonte d'acier recuite et en fonte d'acier Martin de première qualité garantie.

F. MARTI
à Winterthour (Suisse).

Société du véritable Emeri de Naxos

NAXOS-UNION

à Francfort-sur-Mein (Allemagne)

Spécialités : Meules en Corindon, Emeri pour travailler les outils et tous les métaux à sec et avec de l'eau, de composition élastique fort résistante.
Machines à meules en Emeri en plus de 100 modèles différents.

CHEMIN DE FER DE PARIS A LYON ET A LA MÉDITERRANÉE

Méditerranée-Express, train de luxe tri-hebdomadaire entre Paris (gare du Nord). Nice et Vintimille et vice-versâ.
Trois fois par semaine, les mercredi (nuit du mardi au mercredi), vendredi et dimanche, (nuit du samedi au dimanche), à minuit 15 part de la gare de Paris-Nord, pour Nice et Vintimille un train dénommé : « Méditerranée-Express », composé de wagons-lits, sleeping-cars, et d'un wagons-restaurant.
La traversée de Paris, du réseau P.-L.-M., ou vice versâ, a lieu par le chemin de fer de Petite-Ceinture.
Le Méditerranée-Express arrive le même jour à Cannes à 7 h. 11 soir, à Nice a 7 h. 46, à Monaco à 8 h. 47 et à Vintimille à 9 h. 7.
Au retour, ce train part de Vintimille les lundi, jeudi et samedi à 4 h. 53 du soir, de Menton à 5 h. 16, de Monaco à 5 h. 40, de Nice à 6 h. 08, de Cannes à 6 h. 59, pour arriver à Paris (Nord) le lendemain à 2 h 30 soir.
Il prend à et pour tous ses points d'arrêt les voyageurs en destination ou en provenance de Paris (gare du Nord). Il prend également des voyageurs à chacun de ses points d'arrêt pour les autres, à la seule condition qu'il y ait des places disponibles au passage.
On peut se procurer des billets : à Paris, à la gare du Nord et à l'agence des Wagons-lits, 1, quai Masséna ; enfin à toutes les gares où ce train prend des voyageurs. Le nombre des places est limité.

. LE FER

REVUE MÉTALLURGIQUE

ABONNEMENTS

FRANCE : Un an...................... 12 fr
ÉTRANGER . Port en sus.

ANNONCES

Envoi du tarif sur demande adressée à
M. DELYON Propriétaire-Gérant.

ADMINISTRATION

L'Administration du Journal répond directement à toute lettre qui lui est adressée affranchie, munie d'un timbre poste ou de la bande d'abonnement. faute de ces deux formalités, elle répond par la voie du journal.

Les demandes, envois et communications doivent être adressés à M DELYON Propriétaire-Gérant 48, rue de Maubeuge.

Ceux de nos abonnés, dont l'abonnement est expiré et qui ne désirent pas continuer leur abonnement, sont priés de vouloir bien refuser le journal au facteur, en écrivant sur la bande le mot REFUSÉ.

A défaut de cette mention, nous les considérons comme réabonnés, et à ceux qui ne nous auront pas envoyé de mandat avant la fin du présent mois nous ferons présenter une traite postale, du 1er au 10 du mois prochain.

SOMMAIRE

MARCHÉ DU FER
ET DE SES DÉRIVÉS

Paris

Si ce n'était un dissident, on pourrait annoncer que l'accord est maintenant complet entre tous les marchands de la place qui viennent de lancer des circulaires à 15 50 les fers marchands et 16 50 les planchers.

L'entente, cette fois, paraît être d'autant plus sérieuse que les circonstances s'y prétent. En effet, grâce au temps magnifique dont nous jouissons, le commencement des travaux est en avance d'un mois sur les années précédentes, et c'est ce qui explique que la demande est très active pour le moment.

Malgré cette situation favorable, nous venons d'apprendre la faillite des forges d'Aubervilliers.

Le conseil général vient d'émettre un avis favorable pour l'établissement de deux lignes de tramways allant l'une de la place de la Bastille au Petit-Ivry, l'autre du Champs-de-Mars à Saint-Ouen.

En outre, on vient de décider la construction d'un pont sur la Seine à Puteau. Ce travail exigera une dépense d'un million.

Enfin une enquête est ouverte au sujet d'une nouvelle ligne de tramway funiculaire qui irait de la place Cadet à la rue du Poteau à Montmartre.

Voilà quelques travaux que l'on nous sert comme hors-d'œuvre pour nous faire attendre le Métropolitain, sur lequel, d'ailleurs, on ne compte plus guère. Heureusement qu'avant on aura à s'occuper de l'Exposition de 1900... quand l'emplacement sera définitivement adopté. Peut-être ferait-on mieux de s'occuper préalablement des moyens de communication dans Paris, qui deviennent de plus en plus insuffisants.

Nord

On lit dans la *Métallurgie du Nord* :

La situation du marché métallurgique n'est guère susceptible de se modifier de façon quelque peu sensible dans l'intervalle d'une huitaine. Cette appréciation est surtout vraie en ce moment où la concurrence des fabricants a cessé de s'exercer pour faire place à une unité d'action, qui, aussi longtemps qu'elle durera, mettra le marché à l'abri des brusques fluctuations auxquelles il était devenu si sujet auparavant.

A ces trop fréquents soubresauts qui le bouleversaient, à ces alternatives trop rapprochées de hausse et de baisse dont on ne parvenait pas toujours à déterminer nettement les causes, va apparemment succéder une ère de stabilité à laquelle ni acheteurs ni vendeurs n'auront rien à perdre.

A l'heure qu'il est, prix de base, classification, écarts entre numéros et catégories sont religieusement observés, à tel point que les réponses de nos fabricants aux demandes de prix qui leur sont faites sont devenues stéréotypées, selon l'expression d'un de nos correspondants.

Les conventions qui lient nos maîtres de forges sont d'ailleurs soumis à un contrôle très sérieux aux investigations duquel chaque syndiqué se soumet de bonne grâce. Tous les documents quels qu'ils soient, de nature à éclairer les agents contrôleurs, sont obligeamment mis à leur disposition, et il nous paraît bien difficile que des irrégularités, si elles existaient, puissent échapper a d'aussi minutieuses recherches que celles que l'on pratique.

Les syndiqués sont d'ailleurs animés de la plus grande confiance les uns envers les autres, l'anecdote ci-après dont nous garantissons la parfaite authenticité le prouverait au besoin. Un acheteur s'étonnait d'un prix à lui remis et affirmait qu'une toute petite maison de consommations jouissait de conditions meilleures dans une autre forge, il offrait d'en administrer la preuve. Le maître de forges à qui s'adressait l'objection la contesta et, aussi sûr de son confrère que de lui-même, n'hésita pas à accepter le pari que son correspondant lui proposait à ce sujet. Ce dernier gagna son pari, à la vérité ; mais le maître de forges incriminé, n'eut aucune peine à se justifier et il reconnut que le prix en question avait été appliqué par erreur et pour une quantité si minime d'ailleurs, qu'il n'y eût vraiment pas eu lieu de s'y arrêter quand même.

Des erreurs de ce genre se commettront encore sans aucun doute dans l'avenir et ne prouveront pas plus que celle dont nous venons de parler. La qualité de syndiqué n'a sûrement pas pour effet de rendre infaillibles ceux qui en sont investis, et c'est ici le cas de répéter l'axiome latin : *Errare humanum est.*

Ardennes

Malgré tous les dires du syndicat de Paris, nos prix sont faibles, en l'absence d'ordres importants et d'affaires à brève échéance.

Les prix que vous avez cités sont parfaitement pratiqués dans notre région et même.... Mais, chut ! personne, en somme, n'a d'intérêt à voir faiblir davantage notre marché.

Si les cours de la matière première et du combustible laissent à désirer, que dire des prix d'adjudication ? comment les expliquer ? quels secrets de derrière la tête possèdent donc certains fabricants pour s'écarter ainsi des prix normaux ?

Nous citerons une adjudication de ferronnerie pour l'Etat qui vient d'être donnée à 43,000 fr. comme ensemble à un industriel de notre région, alors que les usines spécialement outillées pour faire cette ferronnerie ont remis, elles, des prix de plus de 60,000 fr. Explique qui pourra de tels écarts. Nous pouvons cependant ajouter que la vérité nous semble bien plutôt du côté de ces derniers prix, étant donné qu'il s'agit d'une multiplicité de pièces données par petites quantités et conséquemment comportant un outillage et des essais très coûteux.

Evidemment ces écarts, tenant compte qu'il est bien peu de secrets de fabrication aujourd'hui, ne proviennent le plus souvent que de la manière d'établir un prix de revient.

Haute-Marne

Un bon courant d'affaires se maintient sans grand empressement. Il n'y a pas de poussée comme autrefois au début du printemps ; c'est une remarque que nous faisons depuis trois ans. Le commerce ne passe plus de grosses commandes ; il semble s'être habitué à considérer la forge comme magasin général où il peut puiser selon ses besoins pour s'éviter des approvisionnements encombrants. Aussi presque tous les ordres sont à livrer de suite : les commandes échelonnées sur deux et trois mois sont rares.

Le prix de base du fer marchand ou n° 2 est ferme de 145 fr. à 147 50 les classes mélangées. La qualité 3 vaut 155 à 160 fr. aussi classes confondues.

Pas de changement non plus pour la machine ou verge de tréfilerie. Le comptoir se réunit le 6 avril et laissera, nous pensons, les choses en l'état. Il est possible que les plaintes générales des fabricants de pointes fassent l'objet d'une discussion et d'une proposition tendant à reprendre les pourparlers engagés il y a deux ans en vue d'arriver à la constitution d'un syndicat des fabricants de pointes. Le comptoir peut s'autoriser de sa position non pas seulement en tant que producteur de matière première, mais aussi parce qu'il compte parmi ses membres les principaux tranformateurs.

Le haut fourneau d'Allichamps est de nouveau en chômage, abandonné, nous dit-on, par la Société des Forges de Champagne qui l'exploitait. Il pourra bien être remis en marche par son propriétaire, M. Louis Viry, pour utiliser des approvisionnements depuis longtemps sur parc. Du reste, la fonderie prend un développement qui permettrait probablement le maintien de l'allure du fourneau.

Une autre fonderie qui s'est agrandie est celle de Bayard, qui a couverti une halle en atelier de mouerie ; la production de cette usine peut par là être portée à cent tonnes en plus par mois.

Meurthe-et-Moselle

La semaine a été bonne pour les commandes. La reprise est en meilleure voie. Les ordres se font nombreux et pressés. On exige prompte livraison, ce qui indique que le mouvement des constructions a épuisé les stocks des magasins. On avait longtemps attendu, dans l'espoir d'une rupture des syndicats et d'une baisse consécutive. Heureusement, la fermeté des Comptoirs a triomphé de cette tactique. Aujourd'hui qu'on est convaincu d'une entente durable, on se résigne. Les tarifs des syndicats passent dans la consommation. C'est à la fois au Comptoir des fers et au syndicat des forges de l'Est que revient le mérite d'avoir su conserver, au point de vue de la production française la situation acquise, et d'y voir déjoué les efforts d'une concurrence ruineuse de la part des marchands.

Aussi bien, ceux-ci paraissent comprendre l'intérêt qu'il peut y avoir pour eux à ne pas pousser plus loin la lutte dans le sens de l'avilissement des prix.

Loire et Midi

Cette semaine ne présente pas d'amélioration sur la précédente Nous en restons au même petit courant d'affaires qui, décidément, ne semble vouloir pas prendre plus d'importance.

Pas de changement dans la cote, plutôt de la faiblesse.

Dans les usines de transformation, on ne se plaint pas trop en ce moment. Les nombreuses demandes dont nous parlions dans notre dernier bulletin n'ont pas encore reçu de solution, sauf cependant pour celle des 3,500 centres de roues de wagons de la Cie de l'Est, qui n'est pas échue à notre centre, comme nous l'espérions. C'est un atelier du Nord qui a réuni le plus bas prix.

A ce sujet, il nous a été donné de constater à maintes reprises que cette région enlevait facilement ce genre de commandes à nos usines. Ces dernières, en présentant un prix de vente, qui est à peu près le revient, se trouvent encore en sensible différence avec la concurrence Nord, plus avantageusement placée tant au point de vue des matières premières que de la main-d'œuvre.

Aussi ne serait-il pas étonnant de voir se déplacer, tout au moins en partie, la fabrication des centres de roues qui, pendant longtemps, avait été en quelque sorte monopolisée par les usines de la Loire. Le mouvement est d'ailleurs commencé par les établissements Arbel frères, de Rive-de-Gier, qui vont installer à Douai une usine pour cette industrie.

Un dernier mot sur la grève de Rive-de-Gier. Toutes les usines ont repris leur marche régulière et sont en mesure de satisfaire leur clientèle. Les forges de l'Horme, qui avaient arrêté plusieurs trains à cause de cette grève vont, elles aussi, reprendre leur ancienne activité.

Les ferrailles se tiennent aux environs de 7 fr. les 100 kil.

Peu d'animation sur le marché charbonnier. La production s'écoule difficilement. Aussi les Compagnies en sont-elles réduites à ne faire travailler que 5 journées, voire même 4 journées par semaine.

— On nous écrit de Saint-Etienne :

Pas de modification dans la situation commerciale de notre groupe.

Aux aciéries de Firminy, on travaille activement à la fabrication de réservoirs en acier forgé pour les torpilles. Jusqu'à ce jour, il n'y a que les usines de Firminy qui aient, nous dit-on, réussi dans ce genre de travail.

L'atelier de bandages est employé principalement par les commandes du P.-L.-M.

Le moulage d'acier n'est pas pressé.

Les commandes d'acier fondu pour outils sont assez abondantes malgré la fermeté des prix. Les aciers fondus supérieurs se cotent de 125 à 150 fr., ceux de 1re qualité valent de 100 à 125 fr., et les qualités ordinaires s'obtiennent dans les prix de 80 à 100 fr.. suivant l'importance des commandes.

La Société des hauts fourneaux, forges et aciéries de la marine vient d'installer, à proximité de la grosse presse hydraulique, un nouvel atelier de moulage de 70 mètres de longueur sur 38 mètres de largeur avec un pont roulant de 60 mètres. Cet atelier était nécessaire pour la fabrication des plaques de cuirassement en acier spécial de Saint-Chamond dont nous avons parlé.

La Société a d'importants travaux à Assaille, Rive-de-Gier et au Boucau, qui viennent encore de s'augmenter par les 50 000 traverses métalliques dont cette Compagnie a obtenu la fourniture pour le compte des chemins de fer de l'Etat.

Les aciéries de Saint-Etienne sont toujours très occupées par la fabrication d'une importante commande de tourelles et de blindages.

(*L'ancre.*)

Belgique

Dans certains centres métallurgiques, dans le Bassin de Charleroi notamment, le marché sidérurgique semble se ranimer, et dans la plupart des laminoirs on travaille maintenant le lundi.

La grosse production étant toujours le meilleur moyen de diminuer le prix de revient, chaque usine cherche à l'employer — mais hélas au détriment du prix de vente.

La situation reste mauvaise à ce point de vue. L'acier continue victorieusement la lutte contre le fer. La tôle surtout a été atteinte, et se vend maintenant à très bas prix. Les profilés autres que les poutrelles ont été moins atteints, et nous avons vu même des cas où des cornières d'acier ont été vendues à un prix égal à celui des tôles, ce qui est anormal.

Au fur et à mesure que la tôle d'acier diminue de prix, celui de la tôle de fer diminue également. Mais pour cette dernière, la limite est atteinte et même déjà dépassée. L'acier l'emportera donc sûrement dès que nous pourrons nous en procurer en Belgique à suffisance.

Or ce moment approche Pour la fin de l'année la Société de la Providence et celle de Marcinelle et Couillet apporteront sur le marché chacune de 500 à 600 tonnes de produits par jour. Les halles de la fonderie sont sous toit depuis huit ou dix jours à Marchiennes et le seront bientôt à Couillet.

Il est inutile de rappeler les prix des laminés, ils varient trop suivant les spécifications, les destinations et les époques de fourniture.

Angleterre

Ecosse. — Le marché s'est montré plus calme cette semaine et il s'est fait peu d'affaires en warrants, dont les prix fluctuaient entre 51 25 et 51 fr. pour clôturer à 51 10, au comptant. Les marques en mains des producteurs n'ont pas varié sensiblement. Inutile de reproduire la cote habituelle des fontes.

En fonte hématite, il s'est traité passablement de ventes, et le cours à la fin de la semaine était de 56 85.

Middlesbrough. — La reprise de la navigation vers les ports du Nord continue à se faire sentir ; les transactions en fonte n° 3 se font autour de 43,40. On sent qu'il règne un malaise, la production dépassant toujours la demande.

Dans le compartiment des moulages, les fonderies ont de l'ouvrage, mais les ordres ne sont pas assez abondants. On tient les colonnes de 135 à 140 fr., les coussinets de chemins de fer de 68,40 à 70 fr., les tuyaux de 10 à 20 centimètres de diamètre de 120 à 125 fr.

Fers et aciers.—Dans les forges comme dans les aciéries, on se trouve à court de commandes ; il est donc difficile d'être à à la fermeté. Les rails se vendent couramment au-dessous de 95 fr., même pour des lots peu importants.

Dans le nord de l'Angleterre, les prix officiels servant de base aux relations commerciales sont les suivants : barres communes 125 fr., id. best 135 à 137,50, id. best best 160 fr., tôles pour navires 114 à 120 fr., id. pour chaudières 140 \fr., plats pour navires en acier 125 fr., tôles 150 fr., cornières 125 fr.

BULLETIN DES METAUX

CUIVRE

Le métal est aujourd'hui moins recherché que la semaine dernière à Londres. La moyenne des transactions n'a atteint depuis samedi que 250 à 300 t. par jour. En présence de ce calme les prix du Chili bon ordinaire ont été ramenés à 45 5 liv. st. au comptant et 45 12 6 liv. st. à trois mois. Les affaires en cuivres raffinés et manufacturés sont assez restreintes, mais les cours se maintiennent : Tough anglais, 48 10 liv. st.; Best Selected, 49 10 liv. st.; feuilles fortes, 57 à 57 10 liv. st.; feuilles de l'Inde, 53 liv. st ; laiton, 4 7/8 d. Les ventes de *furnace matériel* de la semaine comprennent 20 t. de minerai espagnol à 8 sh. 6 d., 200 t. de minerai du Cap et 330 t. de régules du Chili à 9 sh. 1 1/2 d., 7 t. de précipité Aljustrel à 9 sh. 3 d., 68 t. de précipité Cueva à 9 sh. 4 1/2 d.

A Paris le Best Selected est plus cher de 50 centimes au prix de 126 75 et le minerai de Corocoro a haussé de 1 25 au prix de 122 50. Les autres produits sont invariables : cuivre en barres premières marques, 120 fr.; marques ordinaires, 116 25 ; lingots et plaques de laminage, 123 75. — A Marseille la tendance est plus faible : Japon en plaques, 118 fr.; Tokat en plaques, 115 fr.; petits lingots, 122 fr.; cuivre rouge en feuilles, 147 fr.; ronds en cuivre rouge, 157 fr.; cuivre jaune en feuilles, 140 fr.; vieux cuivre rouge, 95 à 105 fr ; vieux cuivre jaune, 60 à 72 fr. — A Hambourg le cuivre anglais laminé, douane comprise, tombe de 70 72 M. à 69 71 M. Le reste de la cote ne change pas : électrolytique, 54 à 56 M.; cuivre anglais raffiné en lingots, 51 a 54 M.; métal jaune à doublage, 60 M. les 50 kil. — New-York est lourd et peu actif de 11 50 à 11 75 cents.

ETAIN

Le marché de Londres reste encore sous l'influence de la baisse récente de l'argent. La spéculation s'est tout à fait désintéressée du métal et les transactions ne vont pas au delà de 35 à 40 tonnes par jour. Les Détroits s'obtiennent sans difficulté à 94 15 liv. st. au comptant et 91 10 liv. st. à trois mois. L'étain anglais est faible à 98 liv. st. pour les lingots ordinaires, 99 liv. st. pour les barres et 100 liv. st. pour les lingots raffinés. L'Australien au comptant vaut 95 liv. st. à 95 10.

A Paris la cote a rétrogradé de 1 25 ; Banca, 257 50 ; Billiton, 247 50 ; Détroits, 247 50 ; étain anglais 250 fr. — A Marseille les étains sont bien tenus : Banca 260 fr; Detroits, 240 fr. ; Billiton, 240 fr. ; étain en verges, 255 fr. — Hambourg est en hausse de 1 M. à 103 M. pour Banca et l'étain anglais en blocs et 104 M. pour l'étain raffiné.—A Amsterdam les transactions sont restreintes dequis huit jours. Les prix des livraisons promptes ont assez fortement baissé. Les livraisons à terme sont très offertes, mais peu recherchées. Banca disponible, 56 3/4 ; juillet, 54 3/4 ; Billiton disponible, 56 1/4 ; avril, 56 fl ; juillet, 54 1/2 ; Détroits disponible, 56 3/4 mai, 56 1/2 ; juillet 54 3/4. — La Société de Billiton mettra en vente publique à Batavia le 19 avril prochain 16 500 picols d'étain Billiton. — On mande de Penang le 22 février : Les recettes de la quinzaine se sont élevées à 11,000 picols. Les ventes ont été de 8,500 picols pour l'Europe et 3,000 picols pour la Chine. Les prix ont varié de 38 80 à 38 60 et clôturent à 38 65. Du 1er janvier à cette date les exportations ont atteint 31 275 picols vers l'Angleterre, 1,082 picols vers le continent et 3,366 picols vers les Etats-Unis. — New-York est calme, en baisse de 15 points à 20 80 cents.

PLOMB

L'article tend à s'améliorer à Londres par suite d'une demande un peu plus suivie : plomb d'Espagne, 9 17 6 liv. st ; plomb anglais, 10 liv. st. — A Paris les les marques ordinaires livrables au Havre ou à Rouen sont fermes à 25 fr ; celles livrables à Paris ont perdu 25 centimes à 25 50. A Marseille les plomb se soutiennent aux cours précédents : plomb doux de première fusion, 25 fr. à 25 50 ; plomb doux de seconde fusion, 24 fr. ; plomb antimonieux, 28 fr.; laminés et tuyaux, 30 fr.; grenailles, 34 fr. ; vieux plomb, 20 à 21 fr. — Hambourg conserve la cote de la semaine dernière; plomb anglais en saumons, 11 80 M. ; plomb allemand en rouleaux, 12 30 M. ; plomb allemand en saumons, 11 80 M. ; plomb d'Espagne, 14 M. les 50 kil. — New York le cours varie entre 3 90 et 3 95 cents.

ZINC

Le marché de Londres est ferme, mais apathique aux mêmes prix que la semaine dernière : marques ordinaires, 17 5 liv. st. ; marques spéciales, 16 7 6 liv. st. ; laminé de Silésie, 20 7 6 liv. st. — A Paris la cote a été réduite de 25 centimes : zinc de Silésie livrable au Havre, 47 25 fr.; autres bonnes marques livrables au Havre, 46 75 ; autres bonnes marques livrables à Paris, 47 fr. — A Marseille les zincs sont faibles, en baisse d'un franc : zinc en plaques de Silésie, 48 à 50 fr. ; zinc en plaques refondu, 42 à 43 fr. ; zinc en feuilles de la Vieille-Montagne, 61 fr. ; vieux zinc, 33 à 34 fr. — Nous retrouvons à Hambourg le zinc de Silésie disponible de 21 50 à 22 M. celui à livrer de 19 à 19 50 M., le laminé de Silésie et le zinc de la Vieille-Montagne, ce dernier douane comprise, de 22 à 23 M. les 50 kil. — New-York ne change pas à 4 35 cents.

Fer-blanc

Les détenteurs se montrent très fermes dans le maintien de leurs prix : fer-blanc au bois 1re qualité, 0-15-0 à 0-17-0 liv. st.; qualité ordinaire, 0-13-6 à 0 14-0 liv. st.; au coke 1re qualité, 0-12-6 à 0-13 0 liv.; qualité ordinaire, 0-11-9 à 0-12 0 liv. st.

Les affrètements au port de Swansea ont atteint la semaine dernière 117,549 caisses et les arrivages 112,290 caisses. Les stocks s'élèvent actuellement à 260,240 caisses, contre 265,499 caisses à pareille époque de 1892.

Mercure

La demande est très limitée à Londres, mais les cours sont soutenus à 6 16 liv. st. pour les premières mains et 6 9 liv. st. pour les marques secondaires. — Hambourg a rétrogradé de 3 M. de 132 à 135 M. la bouteille.

Possessions hollandaises d'Océanie

JAVA

Production de l'étain.

Batavia, le 5 janvier 1893 .. L'étain qui s'exporte des possessions hollandaises a, comme on le sait, deux provenances différentes. Une partie est produite par les mines de l'île de Banca, l'autre à peu près équivalente, par celles de Billiton. Les premières sont exploitées par le gouvernement colonial directement. Il n'en vend pas le produit aux Indes ; il l'expédie en Europe et le fait mettre en adjudicaton par lots, à Amsterdam ou à Rotterdam. L'exportation de l'étain de Banca s'est élevée, en 1891, à 5,710,384 kil ; en y comprenant les 3 0/0 prélevés, à titre de redevance, au profit du Trésor, sur le produit brut des mines de Billiton.

Celles-ci sont entre les mains d'une Compagnie concessionnaire, la « Billiton Maatschappy » qui fournit au commerce la totalité ou peu s'en faut, de l'étain exporté des Indes néerlandaises pour le compte des particuliers. La Compagnie, de même que le gouvernement, dispose de ses produits par ventes publiques ; elles se font ordinairement tous les deux mois, à Batavia. La dernière adjudication portant sur 15 313 piculs (de 61 kilog. 76), a eu lieu le 11 décembre dernier. On n'y a rien remarqué d'anormal. On peut constater, au contraire, que les différents lots ont été laissés à un prix moyen de 63 fl. 28 le picul, sensiblement inférieur à l'adjudication précédente.

Le système de vente pratiqué pour l'étain des Indes néerlandaises, ne serait pas, sans doute, de nature à mettre absolument obstacle aux desseins d'une puissante Société d'accaparement ; on peut croire, cependant, qu'il en rendrait le succès difficile, surtout si l'on considère que l'étain constitue un des principaux éléments de commerce et de spéculation pour les maisons d'exportation établies dans la colonie

Le Gérant du Consulat de France.

CHARBONS

France

Le marché charbonnier demeure ce qu'il était il y a huit jours. L'attitude des acheteurs et très reservée et ils se tiennent dans l'expectative.

Dans le Nord et le Pas-de-Calais le marché charbonnier est animé, mais les prix sont faibles.

Les mines de Drocourt cotent actuellement pour la Seine et départements circonvoisins : criblés 1 c/m, 18 fr. toutvenant 50 à 60 0/0, 16 ; 40 à 45 0/0, 15 fr. ; 30 à 35 0/0, 14 fr. ; 20 à 25 0/0, 13 fr. fines à 4 12 ; a 1 10 ; fines Saint-Georges 15 à 20 0/0 de gailletteries, 10 fr.

Les mines de Meurchin vendent :

Charbons de foyer 1/2 gras : gros, 26 fr. charbons d'industrie : tout venant 35 à 40, 15 ; industriel, 13, grains lavés 8 m/m à 30 m/m, 14 ; briquettes lavées, 16 fr. ; 1/2 lavées, 15 fr.

Dans la Loire et le Centre, les charbonnages conservent une bonne extraction. Peu de stocks nous dit-on, et prix toujours fermes dans cette région.

Les Mines de la Loire négocient leurs charbons aux cours suivants, à la tonne sur wagon à la mine :

Menu sortant Chana 1er choix 25 à 30 0/0 de grêles, 18 fr. menu criblé Chana 1er choix 40 m/m, 15 fr. ; grelasson 40 m/m et audessus, 26 fr ; braisettes lavées 20 m/m, 18 50 ; améliorés Chana 25 0/0 grêles, 19 fr. ; demi-sortant demi-grelasson 1er choix, 22 fr. ; dragées lavées 20 à 40 m/m,

22 50 ; agglomérés spéciaux Villars marque L. (faits avec des fines Rambaula), 24 fr. ; agglomérés 1er choix Villars marque L. (faits avec des fines lavées), 22 fr. ; agglomérés 2e choix Villars marque L. (faits avec des fines demilavées), 20 fr. Menu sortant 15e Villars, 14 50 ; grelassons 15e Villars, 14 50 ; grelasson 15e Villars, 19 fr. ; améliorés demi-sortant, demi-grelassons 15e Villars, 16 75.

BELGIQUE

Le marché charbonnier se préoccupe beaucoup de la prochaine adjudication de charbons menus pour le chemin de fer de l'Etat. Elle attire d'autant plus l'attention des intéressés qu'elle coïncide avec une époque de renouvellement de nombreux marchés avec l'industrie, pour lesquels des pourparlers étaient engagés quand la date de l'adjudication fut annoncée. Nous devons dire cependant que la plupart des négociations n'ont pas été rompues, mais ont suivi leurs cours, ce qui indique que dans la pensée des consommateurs euxmêmes, l'adjudication ne peut tourner à leur avantage. Ils ne sont pas en effet sans savoir que les stocks de fines 1/2 grasses et de menus maigres ont sensiblement diminué. Comparativement à ce qu'ils étaient l'an dernier à pareille époque il y a envirsn 100.600 tonnes en moins dans le bassin de Charleroi, et nous entrons dans une période où, comme nous le disions dans un de nos derniers bulletins, la production sera forcément réduite par le chômage du lundi et le départ des ouvriers briquetiers.

Ce n'est donc pas sans raisons solides que depuis quelques semaines nous disons que le marché des fines 1/2 grasses et des menus maigres est très ferme et il le serait même davantage encore, si les producteurs de charbons ne se laissaient quelque peu influencer par l'air ambiant qui, dans les bassins industriels, propage les idées décourageantes causées par la crise intense et prolongée dont plusieurs grandes industries sont frappées.

Les fines 1/2 grasses se tiennent dans les prix de 7 50 à 8 50 suivant qualité. Ces prix-là ne sont plus discutés par les acheteurs depuis quelque temps déjà. Les gailleteux des fours vont de 9 50 à 10 50 suivant provenance.

Allemagne

L'accalmie signalée dans notre dernier rapport du marché charbonnier allemand se continue. Cependant elle ne donne pas lieu à un affaiblissement des affaires et ce n'est qu'après l'empressement et les efforts tentés pendant les dernières semaines qu'une pause s'est imposée.

Le Syndicat des charbons a commencé ses opérations, qui cependant ne sont encore que préparatoires. Notamment les charbonnages peuvent encore vendre individuellement jusqu'à une époque qui

doit encore être fixée sur la proposition du Conseil de l'union des charbonnages, mais ils doivent déjà tenir compte des conditions établies. Le prix des charbons pour gaz et à longue flamme et des charbons gras mélangés a été établi à la base de 8, 0, 0 M. Tous les contrats doivent être passés immédiatement au Comité du Syndicat et peuvent être contrôlés par celui-ci. L'écoulement est encore toujours très actif malgré que le printemps soit arrivé.

En produits lavés l'activité constatée jusqu'à présent s'est ralentie un peu. Cependant les expéditions sont encore suffisantes ; elles comportent en moyenne de 10 500 11 000 wagons de dix tonnes par jour. Il règne aussi une grande animation sur le Rhin où la navigation est actuellement très favorable.

Cote de la Bourse de Dusseldorf, du 23 Mars :

1.) Charbons pr gaz et à longue flamme.

		Frs.
a) Charbons à gaz pour éclairage	11 25 à 13 12	
b) Charbons pour générateurs	10 62 à 11 87	
c) Charbons tout-v. à longue fl.	9 37 à 10 52	

2) Charbons gras,

a) Charbons tout venant	8 75 à 9 37
b) Meilleurs charbons mél.	10 00 à 10 87
c) Charbons pour coke	6 25 à 7 50

3.) Charbons maigres,

a) Charbons tout-venant	8 75 à 10 00
b) « melangés	11 25 à 12 50
c) « fines grain II anthracite	21 25 à 25 00

4.) Cokes,

a) Cokes pour fonderies	16 87 à 18
b) « hauts fourneaux	13 75
c) Petit coke, cassé,	11 25 à 13 75
5) Briquettes	10 62 à 12 50

Angleterre

Cardiff. — L'amélioration que nous avons signalée précédemment dans le marché des charbons pour vapeur s'est maintenue cette semaine. Les chargements sont toujours importants et les stocks accumulés sont rapidement écoulés. En général, les carnets sont bien remplis de commandes.

Il y a une demande modérée en charbons pour foyers domestiques, mais le marché décline et il ne manque plus qu'une température plus chaude pour amener une baisse des prix.

Depuis lundi, il y a une amélioration marquante dans le marché du coke. La demande augmente constamment et les stocks ont été matériellement réduits. On assure aussi que plusieurs des principaux marchands ont des ordres suffisants dans leurs livres pour les tenir bien occupés jusqu'à fin du mois prochain.

Il y a une demande modérée en produits agglomérés de houille.

Les prix se règlent comme suit : Charbons pour vapeur, meilleures qualités, 9 sh. 3 d. à 9 sh. 6 d. ; secondes qualités, 8 sh. 6 d. à 9 sh. ; qualités inférieures,

8 sh. 6 d.; menu ordinaire, 3 sh. 6 d. à 3 sh. 9 d.; 4 sh. à 4 sh. 6 d. par tonne.

Charbons pour foyers domestiques : best, 11 sh. à 11 sh. 9 d.; secondes qualités, 10 sh. 6 d.; n° 3 Rhondda gros, 10 sh. 6 d. à 10 sh. 9 d.; brush, 8 sh. 6 d.; menu, 6 sh. à 6 sh. 3 d. ; n° 2 gros, 8 sh. 6 d.; menu, 3 sh. 6 d. à 4 sh.

Produits agglomérés de houille, 9 sh. 3 d. à 9 sh. 6 d. par tonne.

Coke spécial pour fonderies, 19 sh. 6 d. à 20 sh.; coke pour fonderie, 17 sh. à 18 sh.; coke pour hauts fourneaux, 15 sh. 6 d. à 16 sh.

Fret des charbons

Saint Ghislain, 31 mars 1893 (par 1,000 kil.). — Paris, 6 fr.; Rouen, 6 fr.; Elbeuf, 5 90; Amiens, 0 fr.; Arras, 0 fr.; Douai, 0 fr.; Cambrai, 1 50; Ham, 2 65; Péronne, 2 90; Saint-Quentin, 2 30; Chauny, 2 90: Compiègne, 3 40 fr.; Reims, 0 fr.; Soissons, 4 40; Lille, 2 30; Béthune, 2 30 fr; Saint-Omer, 3 15; Dunkerque, 3 fr.; Calais, 0 fr.; Saint-Dizier, 0 fr.; Nancy, 0 fr.; Epernay, 0 fr.; Courtrai, 1 80; Ypres, 4 10 Bruges, 2 50; Anvers, 2 10; Gand, 2 10; Bruxelles, 0 fr.

Anzin, 31 mars 1893 (par 1,000 kil.); — Paris, 4 55; Rouen, 4 55; Elbeuf, 4 45. Amiens, 2 50; Arras, 1 60; Douai, 1 05; Cambrai, 0 90; Ham, 1 80; Péronne, 2 fr.; Saint-Quentin. 1 55; Chauny, 2 fr.; Compiègne, 2 40; Reims, 2 65; Soissons, 2 85; Lille, 1 40; Béthume, 1 30; Saint-Omer, 1 62; Dunkerque, 1 65; Calais, 1 90; Saint-Dizier, 3 35; Nancy, 5 15; Epernay, 0 fr.; Courtrai, 0 fr.; Gand, 0 fr.

Lens (Pas-de-Calais), 31 mars 1893 (par 1,000 kil.). — Paris, 5 50, Rouen, 5 50; Elbeuf, 5 45, Amiens, 2 90; Arras, 1 25; Douai, 0 90; Cambrai, 1 25; Ham, 2 fr.; Péronne, 2 30; Saint-Quentin, 1 70; Chauny, 2 15; Compiègne, 2 25; Reims, 3 25; Soissons, 3 15; Lille, 0 90; Béthune, 0 80; Saint-Omer, 0 90; Dunkerque. 0 95; Calais, 1 25; Epernay, 4 15; Saint-Dizier, 4 45; Nancy, 5 50; Courtrai, 0 fr.; Ypres, 0 fr.; Bruges, 0 fr., Anvers, 0 fr.; Gand, 1 90; Bruxelles, 3 25.

CHRONIQUE INDUSTRIELLE

Mastic dur inaltérable

Mêler ensemble, en y ajoutant assez l'huile de lin pour donner une consistance de plâtre gâché, 93 parties de brique pilée ou d'argile bien cuite, et 7 parties de litharge. Avoir soin de pulvériser d'abord la brique et la litharge en poudre bien fine. Lorsque le mélange est fait et qu'on désire l'appliquer, il faut d'abord mouiller, à l'aide d'une éponge, la partie à enduire, puis on applique le mastic à la manière du plâtre. S'il se produit quelques fissures, les boucher; au bout de 4 ou 5 jours au plus, le mastic devient solide et inusable. Selon le *Cosmos*, il est tellement dur qu'il raye le fer. Il peut servir pour couvrir les terrasses, faire les revêtements de bassin, souder les pierres, et, partant, s'opposer à l'infiltration des eaux.

Nouveau système de ventilation

Voici un nouveau système de ventilation imaginé par un médecin militaire, M. Castaing.

Le disposif consiste essentiellement à remplacer les carreaux des parties supérieures des fenêtres par deux vitres séparées d'environ 1 cm., dont l'une, extérieure, est trop courte par le bas, tandis que l'autre, inférieure, est trop courte par le haut, l'une et l'autre d'une longueur d'environ 4 cm. De cette façon, l'air du dehors pénètre par la partie inférieure du carreau externe, s'échauffe légèrement au contact du carreau interne le long duquel il monte, et s'écoule ensuite par l'ouverture située à la partie supérieure de ce carreau.

Ce système de doubles vitres à ouvertures contrariées n'a aucun des inconvénients qui ont été constatés avec l'emploi des carreaux perforés. Jamais les personnes qui en étaient le plus rapprochées n'ont reçu de douches d'air par les vents les plus froids et les plus violents; jamais une goutte d'eau n'a pénétré dans les chambres par les pluies les plus abondantes accompagnées des plus fortes bourrasques. Ces doubles vitres remplacent aussi avec avantage les toiles métalliques qui laissent passer trop d'air quand elles sont neuves, et n'en laissent bientôt plus passer du tout, à cause de la poussière qui ne tarde pas à en oblitérer toutes les ouvertures. Enfin, ce système n'est nullement fragile et peut être en tous lieux installé sans frais par le premier venu — quand le châssis porte les feuillures nécessaires.

On lit dans le *Moniteur Industriel* :

Les locomotives compound

C'est encore d'une machine à quatre cylindres qu'il s'agit aujourd'hui. Cette locomotive a été mise en service récemment sur les chemins de fer du Sud-Ouest russe, pour la remorque des trains express. Nous devons faire remarquer que cette qualification est ici toute relative, la vitesse des trains rapides étant en Russie bien moindre que celles auxquelles on est habitué sur la plupart des autres réseaux européens. Ainsi, dans les essais et sur les sections faciles, la vitesse de marche n'a pas dépassé 90 km 7 à l'heure, avec un train de 11 voitures et pesant 187 t.; la vitesse moyenne a été de 65 km 3. Avec un train de 240 t., 15 voitures, la vitesse moyenne a été de 47 km 2, avec un maximum de 74 km 7. La vaporisation a été respectivement de 9 kg 26 et de 8 kg 68 d'eau par kilogramme de charbon. Nous manquons des données nécessaires pour établir la comparaison entre la consommation de cette machine et celle des machines ordinaires faisant le même service. Toutefois, étant donné les économies constatées, et rapportées naguère ici même, par les machines compound à deux cylindres du réseau Sud-Ouest russe, on ne peut douter qu'elles se soient reproduites pour le nouveau type.

La nouvelle machine est à bogie, et à deux essieux moteurs embrassant le foyer; mais là s'arrête la ressemblance caractéristique avec les machines express à quatre cylindres du Nord français et du P.-L.-M. dont nous avons parlé récemment.

En effet, dans la machine qui nous occupe, les quatre cylindres sont extérieurs, légèrement inclinés avec tiroirs latéraux intérieurs; ils sont disposés par couple en tandem, le petit en avant, de telle sorte que la vapeur qui a travaillé dans le petit cylindre de droite passe dans le grand cylindre de gauche, et que la décharge du petit cylindre de gauche, se rend dans le grand cylindre de droite; un chassé-croisé. Les deux tiroirs de chaque couple sont solidaires d'une même tige mue par une coulisse Stephenson. Un tuyau spécial permet l'admission de vapeur fraîche détendue aux grands cylindres, pour le démarrage.

Voici quelques-unes des principales données de cette machine : diamètre des petits cylindres : 330 mm; des grands cylindres : 500 mm; course des pistons : 600 mm; rapport des volumes : 1 : 2,30. Diamètre des roues motrices : 2 m; des roues de bogie : 0,950 m. Ecartement des essieux moteurs : 2,60 m : des essieux du bogie : 2 m; base de la machine : 6,60 m, et avec tender : 13 m. Longueur de l'ensemble hors tampons : 16,50 m. Poids de la machine en ordre de service : 43 t; poids adhérent: 26 t ou 60 465 0/0; charge sur le bogie ou poids mort: 17 t ou 39,535 0/0. Poids du tender en ordre de service : 35 t.

La surface de chauffe totale du générateur est 122,40 m, et la surface de grille, 1,9 m; rapport : 64,4. La tension effective normale est 11 As.

Les dispositions susdites ne sont pas à l'abri des critiques. D'abord, le groupement des 4 cilyndres à l'avant augmente le poids mort au détriment du poids adhérent ou utile de la machine; le même défaut est produit pour la situation du bogie qui, sans doute par manque de longueur des ponts tournants et transbordeurs, est de 35 cm, environ en arrière de l'axe de la cheminée.

Mais le vice principal de ce groupement réside dans la répartition en tandem. En premier lieu parce que l'effort total des quatre pistons s'exerce directement sur un même essieu, comme cela arrive aussi quand deux cylindres sont extérieurs et deux intérieurs et que cet essieu a deux coudes et deux boutons, et en second lieu parce que cet effort total est transmis à l'essieu par deux mécanismes seulement au lieu de quatre, comme dans les machines à quatre pistons indépendants, que ceux-ci actionnent directement un seul essieu moteur ou deux. De là, naturellement, plus grande fatigue et moindre durée de l'essieu ainsi surchargé, avec plus de risques d'accident et d'interruption intempestive du service, et usure du mécanisme plus grande que dans une machine ordinaire, au lieu d'être plus faible ainsi que pour les machines à 4 pistons indépendants.

Quant au fonctionnement, les dispositions adoptées le maintiennent dans les limites les plus étroites. La solidarité des tiroirs ne permet pas de faire varier indépendamment l'admission dans les petits et dans les grands cylindres, et l'on a vu par l'exemple de la machine du Nord combien cette faculté est précieuse pour augmenter la vitesse sans majorer la consommation. L'absence de dispositifs pour évacuer directement des petits cylindres à l'échappement, et pour admettre la vapeur fraîche dans les grands en cours de route, ne permet ni d'atteindre au maximum de puissance que peut procurer le système, ni en cas d'avarie dans l'un des groupes, de marcher indifféremment avec l'autre, à basse ou à haute pression, comme avec une machine ordinaire.

En somme, l'auteur de ce nouveau type peut être satisfait de sa conception, mais nous ne conseillons à personne de l'imiter.

El.

PARTIE FINANCIÈRE

Les dispositions générales du marché sont indécises, la spéculation se tient sur la réserve et attend toujours. Une reprise des affaires est bien à souhaiter, mais rien n'indique que nous touchions encore au moment désiré.

Nos rentes sont lourdes. Les actions de nos grands établissements de crédit sont toujours peu animées. La Société générale con erve toute sa fermeté, c'est certainement la mieux placée. Le Comptoir national d Escompte se négocie aux environs du pair. Cet établissement donnera vraisemblablement un dividende total de 5 0/0.

Nos grands chemins sont assez fermes, les recettes continuent à s'améliorer. Le Suez est très lourd. La Rente Italienne est en reprise assez accentuée. Le change est toujours mauvais. Tant que le cabinet ne sera pas sorti de l'affaire des Banques d'émission et n'aura pas assuré le budget de 1893-94, la situation restera des plus incertaines.

La rente extérieure continue à jouir de la faveur du public qui spécule. Les réformes préconisées par le ministre des finances, seraient peut-être facilement réalisables dans tout autre pays que l'Espagne.

Le Portugais cote très ferme et cependant on n'est toujours pas renseigné sur les projets financiers du gouvernement, on attend la réunion des Cortès.

Les Fonds Russes sont plus lourds.

L'arrivée à Quito de l'ingénieur français chargé de l'achèvement des travaux du Chemin de fer National de l'Equateur, ne peut que profiter du cours des obligations. Rappelons que ces titres rapportent 25 fr. et sont garantis par le gouvernement.

ADJUDICATIONS

Adjudications prochaines

— Cherbourg, 6 avril : Fourniture à la marine de : 1° Tôles en bandes d'acier

doux par voie de transformation (cautionnement : 1ᵉʳ lot, 25 100 fr. ; 2ᵉ lot, 19 000 fr. ; 3ᵉ lot, 17 500 fr. ; 4ᵉ lot, dix-huit mille 800 fr.) — 2° Barres profilées en acier (caut. 5 500 fr.) — 3° Cornières en acier doux (caut. 3 000 fr.)

— Saint-Brieuc, 7 avril : Réfection du tablier métallique de 3 ponts, 5 500 fr.

— Roubaix, 8 avril : Fourniture des fontes nécessaires à l'installation de la conduite ascensionnelle de la distribution d'eau potable des villes de Roubaix et de Tourcoing : 1ᵉʳ lot, 16 kilomètres, conduite de 0 700, 5 042 tonnes ; 2ᵉ lot, 12 kilom., conduite de 0 600, 3 184 tonnes ; 3ᵉ lot, 14 kilom., conduite de 0 600, 3 756 tonnes ; 4ᵉ lot, 1 kilom. 300, conduite de 0 800 508 tonnes.

— Joigny, 8 avril : Reconstruction du collège. Serrurerie 9 470 fr. 26.

— Mayres, 9 avril : Construction de fontaines publiques, 4 358 fr. 15.

— Béthune, 10 avril : Reconstruction du pont sur la rivière la Lawe, à Bruay, 10 000 fr.

— Cosne, 10 avril : Alimentation en eau de la caserne Binot, à Cosne. Cuve et charpente métallique du château d'eau 4,300 fr., conduits de refoulement, canalisation intérieure et accessoires 15,700 fr.

— Poligny, 10 avril : Construction de fontaines avec conduites en fonte à Bouchand, 8,793 96 : établissement d'une borne-fontaine à Poligny, 516 50.

— Quimper, 10 avril : Etablissement d'une nouvelle conduite d'eau. Fourniture des tuyaux en fonte rendus à Quimper 60 000 fr. ; pose des tuyaux de fonte dans les siphons de la conduite d'amenée et pour la conduite intérieure avec le percement de tranchées, fourniture et pose de tous les accessoires, robinets, bornes-fontaines, bouches d'arrosage, etc., 67 000 fr.

— Mont-de-Marsan, 11 avril : Reconstruction du pont de Grenade 26 000 fr.

— Versailles, 11 avril : Construction de deux paires de portes pour la fermeture de la grande écluse de Port-Villez, 65 000 francs.

— Châlons, 11 avril : Remplacement des ponts suspendus de Pogny, Juvigny, Aigny et Bois de Marne par des ponts métalliques fixés, 66 200 fr.

— Lorient, 12 avril : Fourniture à la marine d'objets de quincaillerie et de ferronnerie.

— Paris, 13 avril : Fourniture à la direction générale des postes et télégraphes de :

17,830 mètres de tuyaux, 900 tuyaux courbes et coudes, 100 bagues de manchons, 300 pièces de raccordement et 140 chambres en fonte (1 lot).

83 650 poteaux télégraphiques en bois injecté (9 lots). Les soumissions doivent être adressées avant le 3 avril.

— Paris, 13 avril : Construction d'une passerelle sur la Marne pour relier les communes de Bry et du Perreux 110,000 francs.

— Paris, 13 avril : Fourniture à l'intendance militaire de 120,000 petits bidons d'un litre, 17,000 petits bidons de 2 litres, 30,000 gamelles à 4 hommes, 90,000 marmites à 4 hommes, 300 marmites de peloton.

— Bucarest (Roumanie), 14 avril : Fourniture au ministère de la guerre de 23,000 boucles de ceinturon avec plaques et crochets.

— Paris, 14 avril : Fourniture aux chemins de fer de l'État de 500 tonnes d'éclisses en acier pour rail dissymétrique (modèle 1891), livrables au dépôt de Beillant.

— Paris, 14 avril : Adjudication pour les chemins de fer de l'État de 30 changements à 2 voies, type Etat, modèle 1888, livrables à Mondoubleau.

— Blois, 15 avril : Exécution de barrières en fer à la ligne de Tours à Sargé, section de Montoire à Sargé, 11,500 fr.

— Bucarest (Roumanie). 17 avril : Adjudication pour l'armée de 15.000 boîtes de ferblanc pour la graisse.

— Bucarest (Roumanie), 19 avril : Fourniture au compte de la guerre de 12.000 étrilles pour les chevaux.

— Madrid, 27 avril : Construction d'un pont sur l'Ebre, à Tortosa. Montant des travaux 932,236 fr.

— Beauvais 29 avril : Construction de portes métalliques pour les écluses des dérivations de l'Oise, 240.000 f.

— Nantes, 9 mai : Fourniture à l'établissement d'Indret de limes, faucillons et limes-rabots pour cylindres.

CHEMINS DE FER DE PARIS A LYON
ET A LA MÉDITERRANÉE

EXCURSION EN CORSE

Du 3 au 26 avril 1893

La Compagnie Paris-Lyon-Méditerranée, d'accord avec la Compagnie des chemins de fer Départementaux et la Compagnie Marseillaise de Navigation à vapeur, vient d'organiser, avec le concours de l'agence des Voyages économiques, une excursion en Corse comprenant l'itinéraire suivant :

Paris, Nice, Bastia, Le Cap (Corse), Ile Rousse, Calvi, Corte, Ajaccio, Propriano, Sartene, Bonifacio, Ajaccio. Marseille, Paris.

Prix de l'excursion complète : 1re cl. 459 fr. 20, 2e cl. 408 fr. 75.

Ces prix comprennent le transport en chemins de fer, les traversées de Nice à Bastia et d'Ajaccio à Marseille, la nourriture, le logement, les voitures et omnibus pour les excursions indiquées au programme, etc., etc... et une franchise de 30 kilogrammes de bagages sur tout le parcours.

Le nombre des places est limité.

Les souscriptions sont reçues jusqu'au 30 mars 1893 inclusivement aux bureaux de l'agence des Voyages Economiques, 17, rue du faubourg Montmartre, et 10, rue Auber, à Paris.

On peut se procurer des renseignements et des prospectus détaillés : à la gare de Paris, P.-L.-M et dans les bureaux succursales de la Compagnie : rue Saint-Lazare, 88 ; rue des Petites-Ecuries, 11, rue de Rambuteau, 6 ; rue du Louvre, 44 ; rue de Rennes, 45 ; rue Saint-Martin, 252 ; place de la République, 3 ; rue Sainte-Anne, 6 et rue Molière, 7 ; rue Etienne-Marcel, 18 et au bureau général des billets de chemins de fer de l'Hôtel Terminus de la gare de Paris Saint-Lazare (general Ticket Office).

CHEMIN DE FER D'ORLÉANS

JANVIER-AVRIL 1893

Excursions

aux stations thermales et hivernales des Pyrénées et du golfe de Gascogne : Arcachon, Biarritz, Dax, Pau, Salies-de-Béarn.

Tarif spécial G. V. No 106 (Orléans)

Des billets d'aller et retour, avec réduction de 25 0/0 en 1re classe et de 20 0/0 en 2e et 3e classes sur les prix calculés au tarif général d'après l'itinéraire effectivement suivi, sont délivrés toute l'année, à toutes les stations du réseau de la Compagnie d'Orléans, pour les stations hivernales et thermales du réseau du Midi, et notamment pour :

Arcachon, Biarritz, Dax, Guéthary (halte), Hendaye, Pau, Saint-Jean-de-Luz Salies-de-Béarn, etc.

Durée de validité : 15 jours, non compris les jours de départ et d'arrivée.

Tout billet d'aller et retour délivré au départ d'une gare située à 500 kilomètres au moins de la station thermale ou hivernale, donne droit, pour le porteur, à un arrêt en route à l'aller comme au retour Toutefois, la durée de validité du billet ne sera pas augmentée du fait de ces arrêts.

La période de validité des billets d'aller et retour peut, sur la demande du voyageur, être prolongée deux fois de dix jours, moyennant le payement aux administrations, pour chaque fraction indivisible de 10 jours, d'un supplément de 10 0/0 du prix total du billet aller et retour.

AVIS. — La demande de ces billets doit être faite trois jours au moins avant le jour du départ.

CHEMIN DE FER DU NORD

Services directs entre Paris et Bruxelles

TRAJET EN CINQ HEURES

Départs de Paris à 8 h. 20 u matin, midi 40, 3 h. 50, 6 h. 20 et 11 h. du soir.

Départs de Bruxelles à 7 h. 13 et 8 h. 5 du matin, midi 58, 6 h. 3 et 11 h. 43 du s

Wagon-salon et wagon-restaurant aux trains partant de Paris à 6 h. 20 du soir et de Bruxelles à 7 h. 13 du matin.

Wagon-restaurant aux trains partant de Paris à 8 h. 20 du matin et de Bruxelles à 6 h. 03 du soir.

CHEMINS DE FER DE L'OUEST

BILLETS D'ALLER ET RETOUR A PRIX RÉDUITS

La Compagnie des chemins de fer de l'Ouest délivre de Paris à toutes les gares de son réseau situées au delà de *Mantes, Rambouillet, Houdan* et *Gisors*, des billets d'aller et retour, comportant une réduction de 25 0/0. La durée de validité de ces billets est fixée ainsi qu'il suit :

Jusqu'à 75 kil. inclus, 1 jour ; de 76 à 125, 2 jours ; de 126 à 250, 3 jours ; de 251 à 500, 4 jours ; au-dessus de 500, 5 jours.

Les délais indiqués ci-dessus ne comprennent pas les dimanches et jours de fête ; la durée des billets est augmentée en conséquence.

CHEMINS DE FER DE L'EST

Service direct entre Paris et Francfort-s/Mein

La Compagnie des Chemins de fer de l'Est rappelle au public que la route de Gagny sur-Moselle-Metz offre le trajet le plus direct pour se rendre de Paris Francfort-sur-Mein et réciproquement :

Aller. — Paris, départ à 8 h. 25 soir ; Francfort-sur-Mein, arrivée à 11 h. 06 matin.

Retour. — Francfort-sur-Mein, départ à 5 h. 26 soir ; Paris, arrivée à 8 h. 45 matin.

Services directs entre Paris, l'Allemagne et la Russie

Cinq express sur Cologne, trajet en 9 h. 1/2.

Départs de Paris à 8 h. 20 du matin, midi 40, 5 h. 20, 9 h. 25 et 11 h. du soir.

Départs de Cologne à 8 h. 30 du matin, 1 h. 15 et 11 h. du soir.

Quatre express sur Berlin, trajet en 19 heures.

Départs de Paris à 8 h. 20 du matin, midi 40, 9 h. 25 et 11 h. du soir.

Départs de Berlin à 1 h. 05, 9 h. 48 et 11 h. du soir.

Trois express sur Francfort-sur-Mein, trajet en 14 heures,

Départs de Paris à midi 40, 9 h. 25 et 11 h. du soir.

Départs de Francfort à 8 h. 15 du matin, 5 h. 25 et 10 h. 43 du soir.

Un express sur Saint-Pétersbourg, trajet en 90 heures.

Départ de Paris à 9 h. 25 ou 11 h. soir
Départ de Saint-Pétersbourg à 9 h. du soir.

Un express sur Moscou, trajet en 8 heures.

Départ de Paris à 9 h. 25 ou 11 h. soir.
Départ de Moscou à 6 h. 30 soir.

CHEMINS DE FER DE PARIS A LYON ET A LA MÉDITERRANÉE

3° Excursion en Algérie et en Tunisie

du 11 avril au 9 mai 1893

La Compagnie P. L. M., d'accord avec les Compagnies des Chemins de fer de l'Est-algérien et de Bône Guelma ainsi qu'avec les Compagnies générale Transatlantique et de Navigation Mixte, vient d'organiser, avec le concours de l'Agence des Voyages économiques, une excursion en Algérie et en Tunisie comprenant l'itinéraire suivant.

Paris, Marseille, Alger, Mustapha, Blidah, (les Gorges de la Chiffa), Bougie, (El Chabet el Akhra). Sétif, Constantine, El Kantara, Biskra, (Oasis de Sidi-Okba), Batna, Timgad et Lambesse (Ruines Romaines), Hammam-Meskoutine, Bône, Tunis, (La Marsa, Le Bardo, Carthage), La Goulette, Marseille, Paris.

Prix des billets : 1re classe, 801 fr. 55. — 2e classe, 730 fr. 50.

Les voyageurs qui préféreront faire les traversées de Marseille à Alger et de La Goulette, à Marseille sur les bateaux de la Compagnie Générale Transatlantique auront à payer un supplément de :

94 fr. 80 en 1re classe et 81 fr. 40 en 2e classe.

Ces prix comprennent le transport en chemins de fer en France et en Algérie la nourriture, le logement, les voitures pour la visite des villes, l'entrée dans les monuments, etc., etc.., et une franchise de 30 kilogrammes de bagages sur tout le parcours.

Le nombre des places est limité.

Les souscriptions sont reçues jusqu'au 6 avril 1893 inclusivement aux bureaux de l'agence des Voyages économiques 17, rue du faubourg Montmartre et 10, rue Auber, à Paris.

On peut se procurer des renseignements et des prospectus détaillés à la gare de Paris P.-L.-M. et dans les bureaux succursales de la Compagnie : rue Saint-Lazare, 88; rue des Petites-Ecuries, 11; rue de Rambuteau. 6; rue du Louvre, 44 ; rue de Rennes, 45; rue Saint-Martin, 252; place de la République, 8; rue Sainte-Anne, 6 et rue Molière. 7; rue Etienne Marcel, 18 ; et au bureau général des billets de chemins de fer de l'Hôtel Terminus de la gare de Paris Saint Lazare (Général ticket office).

CHEMINS DE FER DE L'EST

Voyages circulaires en Italie par les lignes de l'Est.

La Compagnie des Chemins de fer de l'Est délivr toute l'année des billets pour de nombreuses combinaisons de voyages circulaires ayant principalemen l'Italie pour objectif.

Au moyen de ces combinaisons, les voyageurs ont le choix entre un grand nombre d'excursions au Nord des Alpes (parcours en dehors de l'Italie) et au sud les Alpes (parcours italiens) qu'ils peuvent effectuer vec deux billets, dont l'un est valable pour les parcours français, suisses, allemands ou autrichiens, suivant l'itinéraire choisi, et l'autre pour les parcours italiens. La durée de validité pour les deux parcours réunis est de 60 jours.

Les prix et conditions, ainsi que les différents itinéraires à emprunter figurent dans un livret spécial des voyages circulaires et excursions publié par la Compagnie des Chemins de fer de l'Est et mis à la disposition du public dans la gare de Paris et bureaux succursales.

Dives, Cabourg et Beuzeval étaient jusqu'à présen surtout accessibles par Trouville Prochainemen, les relations de ces plages avec Paris seront rendues plus rapides que par Trouville au moyen de la création de trains directs entre Mézidon et Beuzeval, en correspondance avec les express de la ligne de Caen; ainsi, on pourra, le matin. partir de Beuzeval 25 minutes et de Dives-Cabourg 45 minutes plus tard qu'actuellement, tout en arrivant à la même heure à Paris (2 heures de l'après-midi). En sens inverse, en partant, le soir, par l'express de Paris à 6 h. 30, on arrivera à Dives Cabourg 45 minutes plus tôt.

En outre, le train qui correspond à Mézidon avec l'express partant de Paris à 9 h 30 du matin aura une marche plus rapide et arrivera à Dives-Cabourg " h. 7, au lieu de 3 h. 18, et à Beuzeval à 3 h 15 au lieu de 3 h. 37.

Trouville n'a pas été oublié dans cette amélioration du service des trains; l'arrivée du train qui apporte les lettres et les journaux de Paris sera avancée d'une heure environ, et les baigneurs de Trouville apprécieront vivement cette avance d'une heure dans l'arrivée de leur courrier.

CHEMINS DE FER DE L'EST

Voyages circulaires par les lignes de l'Est, en Belgique, en Suisse, et Autriche et en Allemagne

La Compagnie des Chemins de fer de l'Est a organisé une série de voyages circulaires à prix réduits, qui permettent aux touristes de visiter un grand nombre de villes et de sites remarquables en Belgique : (vallée de la Meuse, grottes de Han et de Rochefort avec traversée du grand duché de Luxembourg); en Suisse : (Bâle, Lucerne, lac des quatre cantons, Zurich , Coire, l'Engadine, les Alpes (cols du Splugen du Bernardin et du Lukmanier), lac de Lugano, St-Gothard, Sagatz, Schaffhouse, chute du Rhin, lac de Constance. , en Italie : (les lacs italiens, Milan, Venise, Florence, Rome) ; en Autriche : (Vienne, Ischl, le Salzkammergut et l'Arlberg) ; en Allemagne, Munich. Nuremberg, Stuttgart, Heidelberg, Baden: Baden, Francfort sur-Mein, Mayence et les bords du Rhin).

Pour les prix, conditions e itinéraires ainsi qu pour la délivrance des billets et leur durée de validité consulter le livret spécial des voyages circulaires établi par la Compagnie des Chemins de fer de l'Est et mis à la disposition du public dans sa gare de Paris et les bureaux succursales.

CHEMINS DE FER DE L'OUEST

Abonnements sur tout le réseau

La Compagnie des Chemins de fer de l'Ouest fait délivrer , sur tout son réseau, des cartes d'abonnement nominatives et personnelles, en 1re, 2e et 3e classe

Ces cartes donnent droit à l'abonné de s'arrêter à toutes les stations comprises dans le parcours indiqué sur sa carte et de prendre les trains comportant des voitures de la classe pour laquelle l'abonnement a été souscrit.

Les prix sont calculés d'après la distance kilométrique parcourue

La durée de ces abonnements est de trois mois, de six mois ou d'une année.

Ces abonnements partent du 1er et 15 de chaque mois.

La Compagnie des chemins de fer de l'Ouest délivre, de Paris à toutes les gares de son réseau (grandes lignes) et vice-versa, des billets d'aller et retour à tarif réduit. La durée de validité de ces billets vient d'être modifiée comme suit : de 1 à 30 kilomètres. 1 jour; de 31 à 125 kilomètres, 2 jours ; de 126 à 250 kilomètres, 3 jours ; de 251 à 400 kilomètres, 4 jours ; de 401 à 500 kilomètres, 5 jours ; de 501 à 600 kilomètres, 6 jours ; au-dessus de 600 kilomètres, 7 jours L'amélioration consiste dans l'abaissement de 75 à 30 kilomètres de la première coupure et dans l'allongement d'un jour pour les parcours supérieurs à 600 kilomètres. Ces délais de validité continuent à être augmentés le cas échéant, des dimanches et jours de fête.

CHEMIN DE FER DU NORD

La Compagnie du chemin de fer du Nord, à l'occasion des fêtes de Pâques, vient de prendre les dispositions suivantes :

Les billets de familles pour les vacances, présentant des réductions de 15 à 45 0/0, seront mis en distribution a partir du mardi 28 mars courant, avec durée de validité qui s'étendra jusqu'au mardi 11 avril prochain inclusivement.

Les billets d'aller et retour individuels auront la même durée de validité.

SÉCURITÉ CONTRE LE VOL ET L'INCENDIE
COFFRES-FORTS INCOMBUSTIBLES

Système BAUCHE, breveté s. g. d. g.
Diplôme d'honneur, 20 médailles d'or et d'argent aux expositions

G. et H. BAUCHE

Fournisseurs du Ministère des Finances, de la Guerre, de la Marine, des Compagnies de chemins de fer et des grandes Administrations financières.

Plus de **80 COFFRES-FORTS** restés dans des incendies violents ont rendu intacts les papiers précieux, valeurs, livres de commerce, etc., qu'ils contenaient.

NOMBREUX CERTIFICATS

Prix de **22** à **9,000** francs.

Manufacture à Reims, rue Boulard, 18 et 20

Sur demande envoi franco du Tarif-Album

spéciales aux quincailliers et marchands de fer.

F. WEIDKNECHT

INGÉNIEUR - CONSTRUCTEUR

BUREAUX ET ATELIERS : 1, Boulevard Macdonald, PARIS-VILLETTE

SEUL SUCCESSEUR ET CONCESSIONNAIRE DES BREVETS L. LOISEAU

BROYEUR — CONCASSEURS — GRANULATEURS — PULVÉRISATEURS

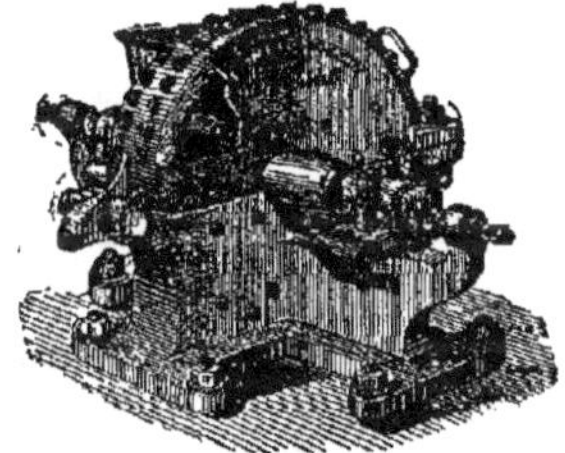

CONCASSEURS

pour le concassage des minerais de toute nature.

PULVÉRISATEURS

pour les traitements chimiques.

CASSE-COKE

pour cassage de coke de gaz ou coke métallurgique.

CASSE-CHARBONS

Gailleteur-Epierreur
dur craignant pas les corps durs

BROYEURS POUR TOUTES MATIÈRES DURES OU TENDRES

Cribleurs — Classeurs à baguettes et à tôle d'acier perforé.

Chaînes à godets et Toiles sans fin — Installations complètes pour tous Broyages.

Tout Matériel fixe et roulant pour Chemins de fer et Travaux plans

LOCOMOTIVES — LOCOMOBILES — MACHINES A VAPEUR — POMPES
WAGONNETS — PLANS INCLINÉS.

JUAN DE SANTISTEBA

Henao 4 Bilbao vend minerais de fer, classe Campanil, de mines Begoña, Ontalina, Indiana y Esperanza Rubio des mines Olvido Buena, fortuna San Ignacio et Excès San Benito

HANGARS ET CHARPENTES

ÉCONOMIQUES

EN BOIS ET FER SYSTÈME **POMBLA** AÎNÉ

BREVETÉ S. G. D. G.

SPÉCIALITÉ DE CONSTRUCTIONS AGRICOLES
Granges, Remises, Écuries
Bergeries, Magasin à Fourrages, Halles
et Marchés, Docks et Entrepôts

GRANDE RAPIDITÉ D'EXÉCUTION
MONTAGE ET DÉMONTAGE TRÈS FACILE

MENUISERIE MECANIQUE MOBILIER SCOLAIRE
Fournisseur de la Ville de Paris

*Exposition universelle de 1878 : Médaille d'argent
Médailles de bronze, d'argent et de vermeil
Expositions et Concours régionaux*

POMBLA, CONSTRUCTEUR

PARIS, 68, avenue de Saint-Ouen, PARIS
Envoi franco du Prospectus détaillé

SOCIÉTÉ DES PLATRIÈRES RÉUNIES

DU BASSIN DE PARIS

SIÈGE SOCIAL . 70, Quai Jemmapes, PARIS

**Plâtres pour la Construction, l'Agriculture et les Arts
Ciments à prise lente et rapide
Chaux du Bassin de Paris, du Bassin de Beffes et du Teil**

PLATRE ALUNE

Dit CIMENT ANGLAIS

**Ce produit a la dureté du marbre et permet d'en imiter
les aspects les plus variés**

SOCIÉTÉ ANONYME
DES
MINES ET FONDERIES DE PONTGIBAUD
Capital : 7 millions de francs

SIÈGE SOCIAL : 17, RUE DE GRAMMONT, PARIS
DÉPOT : 42 rue St-Sabin et 43 boulevard Richard-Lenoir

USINES { Mines et Fonderies a Pontgibaud et a Auzelles (Puy-de-Dôme).
Fonderies et Laminoirs a Couëron (Loire-Inférieure).

Traitement des minerais de Plomb, d'Argent et d'Or. — Tuyaux de plomb repoussé. — Tuyaux étamés et tuyaux d'étain. — Laminage du plomb et de l'étain. — Plomb de chasse ordinaire et durci. — Céruse, minium et mine-orange. — Libhaige et dérivés. — Fonderie de cuivre, de laiton et autres alliages du cuivre. — Laminage, martelage et étirage du cuivre, laiton, etc. — Tréflage du cuivre rouge, demi-rouge, jaune, demi-jaune, etc.

MEULES EN GRÈS
Montées sur Auges en Fonte
POUR TOUTES INDUSTRIES
ROYCOURT
95 bis, rue de la Roquette, Paris

LA SOCIÉTÉ ANONYME DES MÉTAUX
9, Rue Godefroy-Cavaignac, PARIS
achète à prix élevés tous les vieux métaux
AU COMPTANT

Ancienne Maison Ad. Samuel
LA CARROSSERIE INDUSTRIELLE
BUREAUX ET MAGASINS, 228, RUE DU FAUBOURG-SAINT-MARTIN, 228
MÉDAILLE D'OR — PARIS — MÉDAILLE D'ARGENT

Voitures de luxe
et demi-luxe
Coupés, Mylords
Victorias, Ducs,
Omnibus de famille
d'Hôtel
et de Pension

EXPOSITION UNIVERSELLE DE 1889

Voitures
pour le commerce
et la Publicité
Wagons, Camions
et véhicules
pour toute nature
de transports.

USINE MODÈLE, 78, RUE CLAUDE-DECAEN, REUILLY-PARIS

Exposition : Invalides. — Classe 74
Exposition : Champ-de-Mars. — Classe 6

RIVETS, CONTRE-RIVURES
POUR COURROIES
Tuyaux de Cuir

Exposition Universelle de 1878
MENTION HONORABLE

A. GAUTIER
FOURNISSEUR DE L'ARTILLERIE, LA MARINE ET LES CHEMINS DE FER
Fabricant de rivets et boulons fer et cuivre
USINE A VAPEUR ET MAGASINS
PARIS — 46, Rue de Sambre-et-Meuse, 46 — PARIS

BOULONS ET RIVETS
POUR TOLERIE
ET
Chaudronnerie

RIVETS FORGES ET FONDUS EN CUIVRE ROUGE, GOUPILLES, CLOUTERIE DE MARINE

LE FER

ABONNEMENTS
France : Un an.............. 12 fr.
Étranger : Port en sus.

ANNONCES
Prix du tarif sur demande adressée à
M. Delyon, Propriétaire-Gérant.

REVUE MÉTALLURGIQUE, COMMERCIALE ET FINANCIÈRE
Paraît tous les Mardis

UN NUMÉRO **70** CENTIMES

Toutes les lettres
doivent être adressées à M. Delyon,
Propriétaire-Gérant.

Les abonnements partent des 1er et 15
de chaque mois.

A. PIAT & SES FILS

PARIS
Exposition 1889. — Hors concours
FOURS PORTATIFS
OSCILLANTS B. S. G. D. G.
et Cubilos-Creusets.

85, 87 et 94, Rue St-Maur, Paris
Spécialité d'Organes de Transmissions
Installations d'Usines

SOISSONS
Exposition 1889 — Membre du jury
MARTEAUX-PILONS
ATMOSPHÉRIQUES B S G D. G.

Demander Notice spéciale

RIVEUSES HYDRAULIQUES
à main et au moteur
ou mues par l'électricité
Système Delaloë-Piat
Brevets S G D G.
Demander Notice spéciale.

Deux séries de Poulies à bras
paraboliques (forte et légère)
depuis 1m50 jusqu'à 2 m.

Paliers graisseurs à mèche métallique, br. s. g d. g.

EMBRAYAGE A FRICTION
Système Delaloë breveté s. g. d. g.

Poulies et manchons universels. (Demander Notice spec.)
Séries de poulies et tambours
en 2 pièces Système Gondin
et Théart, Brevetés s g d.g.
Rayons en fer sur moyeux en fonte.
Transmissions par câble.

Treuils — Grues — Ponts roulants.— Machines-outils —
Scies diverses. — Manèges, etc

CATALOGUE GÉNÉRAL Edition 1887, 510 pages. Prix . **3** fr.

Demander Notice spéciale

TUYAUX EN CHANVRE SANS COUTURE
POUR ARROSAGE ET INCENDIE

DREVDAL-PARIS

Matières choisies

FABRICATION SOIGNÉE

*Meilleurs et meilleur marché
que les produits analogues*

Production annuelle

1 MILLION 500.000 METRES

*Trois qualités pour arrosage
Deux qualités pour incendie*

TÉLÉPHONE

DREVDAL - 30, Rue Amelot, 30 - PARIS

Vve TAZA-VILLAIN
FORGE ET ATELIERS DE CONSTRUCTION A ANZIN (Nord)
Directeur-Gérant: P. MALISSARD TAZA, Ingénieur des Arts et Manufactures
MAISON FONDÉE EN

Matériel roulant de mines, berlines en fer et en acier

Pièces de rechange, wagonnets à minerais et à terrassements,
wagons à minerais se vidant par le fond, type Somorrostro,
wagons à houille de 10 tonnes à caisses fixes ou mobiles avec
fermetures de divers systèmes, wagons-citernes pour le transport
des pétroles, alcools ou autres liquides

Matériel d'extraction, embarquement des houilles et minerais

Cages d'extraction, parachutes de divers systèmes, parachute
bas, matériel d'épuisement et de sondage, taquets à verrous, à
bateaux et hydrauliques, chevalets, plans inclinés automoteurs,
embarquement mécanique des charbons, système Taza-Villain,
breveté s. g. d. g, avec basculeur à pendule différentiel et frein
hydraulique, chaîne flottante.

CHAUDRONNERIE ET TRAVAUX DIVERS
GÉNÉRATEURS DE TOUS MODÈLES
Tubulaires et semi-tubulaires, cheminée en tôle, bacs réservoirs
conduites de gaz et d'air, ferrures d'artillerie, four à acier tournante, système Biétrix, pour le séchage des phosphates. TRAVAUX PUBLICS, ponts, bateaux, margalats, dragues, godets en
fer, écluses, barrages, caissons à air comprimé, cloches à dérochement, estacades, charpentes en fer.

VERNIS-PEINTURE dits MÉTALLIQUES
tout préparés, prêts à être employés
DE TOUTES COULEURS, SÉCHANT EN MOINS DE 2 HEURES

VERNIS de TOUTES NUANCES
POUR FER ET BOIS

VERNIS MINÉRAL
pour grosse Tôlerie et Chaudronnerie

E. BUREAU
FABRICANT
Rue Saint-Martin
107 et 109
PARIS

USINE
Avenue de Paris
VILLEJUIF
(Seine)

LIQUIDE FLUIDE
INCOLORE
préservant de l'oxydation
tous les métaux blanchis ou polis

PEINTURE UNIVERSELLE
Toute préparée à l'huile
Prête à employer. — Toutes les nuances
courantes en boîtes spéciales de 1, 2 et 5 kilogrammes

PEINTURE EN BOITE
à la Marque de Fabrique J. S aux couleurs nationales

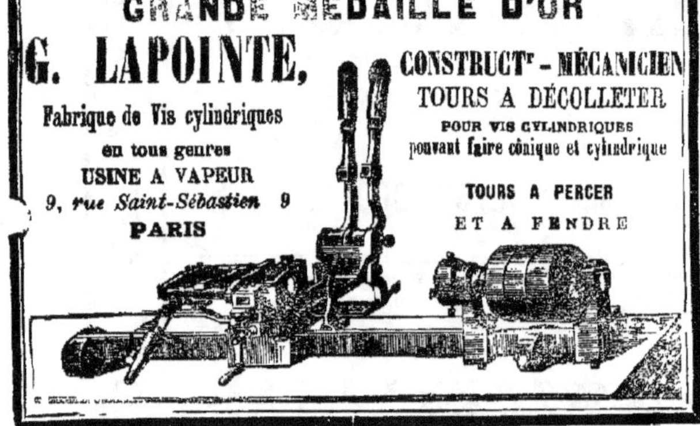

Fournitures générales
POUR USINES
G. CAMBRAY ET Cie
A ANICHE (Nord) et 24, rue de Dunkerque, à PARIS

Maison la plus importante pour la vente des courroies, huiles graisses, graisseurs, pompes, manomètres, brouettes, crics tuyaux, caoutchoucs, clefs, agrafes, appareils de toutes sortes calorifuges, injecteurs, robinets, foreries, etc.

L'album illustré de 70 pages est envoyé franco sur demande

CHEMINS DE FER DE PARIS A LYON ET A LA MEDITERRANEE

SERVICES RAPIDES

Entre Paris et Barcelone
Billets directs — Enregistrement direct des bagages

Trajet rapide en 23 heures 3/4.

La Compagnie P.-L.-M. a organisé des services rapides permettant d'effectuer le trajet de Paris à Barcelone et vice versa, via Lyon, Cette, en heures 1/4
Aller — Départ de Paris, les lundis, jeudis et samedis à 8 h 25 matin ; arrivée à Narbonne le lendemain à 1 h. 51 matin, à Perpignan à 3 h. du matin, à Barcelone à 8 h. 23 matin
Retour. — Départ de Barcelone les lundis, jeudis et samedis à 6 h. soir, de Perpignan les lendemains minuit 25, de Narbonne à 1 h 45 matin ; arrivée à Paris à 5 h. 55 soir.
Les autres jours de la semaine, les trains de Paris à Barcelone partent de Paris à 8 h. 35 matin et arrivent à Barcelone à 10 h 50 matin et ceux du retour partent de Barcelone à 1 h 45 soir pour arriver à Paris à 5 h. 55 soir.

CHEMIN DE FER DU NORD

PARIS-LONDRES
Cinq services rapides quotidiens dans chaque sens

Trajet en 7 h. 1/2. — Traversée en 1 h. 1/4

Tous les trains, sauf le Club-Train, comportent des deuxièmes classes.
Départs de Paris (viâ Calais-Douvres) : 8 h. 22, 11 h. 30 du matin, 3 h. 15 (club-train) et 8 h. 25 soir ; (viâ Boulogne-Folkestone) : 10 h. 1 matin.
Départs de Londres (viâ Douvres-Calais) 8 h. 20, 11 h. du matin, 3 h. (club-train) 8 h. 15 du soir ; (viâ Folkestone-Boulogne) 10 h. matin.
Les voyageurs munis de billets de 1ʳᵉ classe sont admis, sans supplément, dans la voiture de 1ʳᵉ classe ajoutée au club-train entre Paris et Calais.
De Calais à Londres, supplément de 12 fr. 50. Un service de nuit accéléré à prix très réduits et à heures fixes (viâ Calais) en 10 heures. Départ de Paris à 6 h. 10 du soir. — Départ de Londres à 7 h. du soir.
Un service de nuit à prix très réduits et à heures variables (viâ Boulogne-Folkestone).

Voyage circulaire en Bretagne

Billets d'excursions délivrés toute l'année
Première classe, 65 fr. — Deuxième classe, 50 fr.

Les Compagnies de l'Ouest et d'Orléans délivrent depuis le 15 août 1892, aux prix très réduits de 65 francs en première classe et 50 francs en deuxième classe, des billets circulaires valables 30 jours, comprenant le tour de la presqu'île bretonne, savoir : Rennes, Saint-Malo, Dinard, Saint-Brieuc, Lannion, Morlaix, Roscoff, Brest, Quimper, Douarnenez, Pont-l'Abbé, Concarneau, Lorient, Auvray, Quiberon, Vannes, Savenay, Le Croisic, Guérande, Saint-Nazaire, Pont-Château, Redon et Rennes.
Ces billets pourront être prolongés trois fois d'une période de 10 jours, moyennant le payement, pour chaque prolongation, d'un supplément de 10 0/0 du prix primitif.
Le voyageur partant d'un point quelconque des réseaux de l'Ouest et d'Orléans pour aller rejoindre cet itinéraire, peut obtenir, sur demande faite à la gare de départ, quatre jours au moins à l'avance, en même temps que son billet d'excursion, un billet de parcours complémentaire comportant une réduction de 40 0/0, sous condition d'un parcours minimum de 150 kilomètres ou payant comme pour 150 kilomètres.
La même réduction lui est accordée après l'accomplissement du voyage circulaire, soit pour revenir à son point de départ initial, soit pour se rendre sur tel autre point des deux réseaux qu'il a choisi

---

CHEMINS DE FER DE PARIS A LYON ET A LA MEDITERRANEE

Grandes Fêtes à Rome à l'occasion du Jubilé épiscopal du Pape.

BILLETS D'ALLER ET RETOUR DE 1ʳᵉ, 2ᵉ ET 3ᵉ CLASSES, A PRIX RÉDUITS
POUR ROME
Valables pendant 60 jours.

Délivrés dans toutes les gares du réseau sur demande adressée 3 jours au moins à l'avance.
1° Aller et retour par le Mont-Cenis. — Itinéraire : Modane, Turin, Gênes, Pise et retour par la même voie ;
2° Aller et retour par la Corniche. — Itinéraire : Vintimille, San-Remo, Gênes, Pise et retour par la même voie ;
3° Aller par le Mont-Cenis et retour par la Corniche ou réciproquement. — Itinéraire : Modane, Turin, Gênes, Pise, Rome, Pise, Gênes, Vintimille ou vice-versa.

Prix des billets :
Les prix des billets seront ceux fixés par le tarif spécial des billets d'aller et retour ordinaires pour les parcours P.-L.-M. et ceux indiqués ci-après pour les parcours italiens, selon l'itinéraire choisi :
1° Pour les aller et retour viâ Mont-Cenis : 1ᵉ classe, 122 fr. 75 ; 2° classe, 85 fr. 70 ; 3° classe, 52 fr 80.
2° Pour les aller et retour par la Corniche : 1ᵉ classe, 103 francs ; 2° classe, 72 francs ; 3° classe 44 francs.
3° Pour les aller par le Mont-Cenis et retour par la Corniche : 1ᵉ classe, 112 fr. 90 ; 2° classe, 78 fr. 90 ; 3° classe, 48 fr. 50.
Franchise de 30 kilos de bagages sur les parcours français ; aucune franchise de bagages sur les parcours italiens.
Billets valables pour tous les trains comportant des voitures de même classe, dans les mêmes conditions que les billets à plein tarif.
Arrêts facultatifs sur le réseau P.-L.-M. Trois arrêts au choix du voyageur en Italie, tant à l'aller qu'au retour.

CHEMIN DE FER DU NORD
Paris-Londres
Cinq services rapides quotidiens dans chaque sens,
Trajet en 7 h. 1/2. — Traversée en 1 h. 1/4.
Tous les trains, sauf le club-train, comportent des 2ᵉ classes.
En outre, les trains de malle de nuit partant pour Londres à 8 h. 25 du soir et de Londres pour Paris à 8 h 15 du soir prennent les voyageurs munis de billets de 3° classe
Départs de Paris.
Via Calais-Douvres : 8 h., 11 h. 30 du matin, 3 h 15 (club-train), 8 h. 25 soir.
Via Boulogne-Folkestone : 10 h. 20 du matin.
Départs de Londres.
Via Douvres-Calais : 8 h., 11 h. du matin, 3 h. (club-train) et 8 h. 15 soir.
Via Folkestone-Boulogne : 10 h. du matin.
Les voyageurs munis de billets de 1ʳᵉ classe sont admis, sans supplément, dans la voiture de 1ʳᵉ classe ajoutée au club-train entre Paris et Calais.
De Calais à Londres, supplément de 12 fr. 50.

CHEMINS DE FER DE PARIS A LYON ET A LA MEDITERRANEE
VACANCES DE PAQUES
Billets d'aller et retour à prix réduits

A l'occasion des vacances de Pâques, les billets d'aller et retour à prix réduits, délivrés du 27 mars au 11 avril 1893, en vertu du tarif spécial G.V. n° 2, seront tous valables jusqu'aux derniers trains de la journée du 13 avril.
Les billets d'aller et retour de ou pour Paris, Lyon et Marseille conserveront leur durée normale de validité lorsqu'elle sera supérieure à celle fixée ci-dessus.

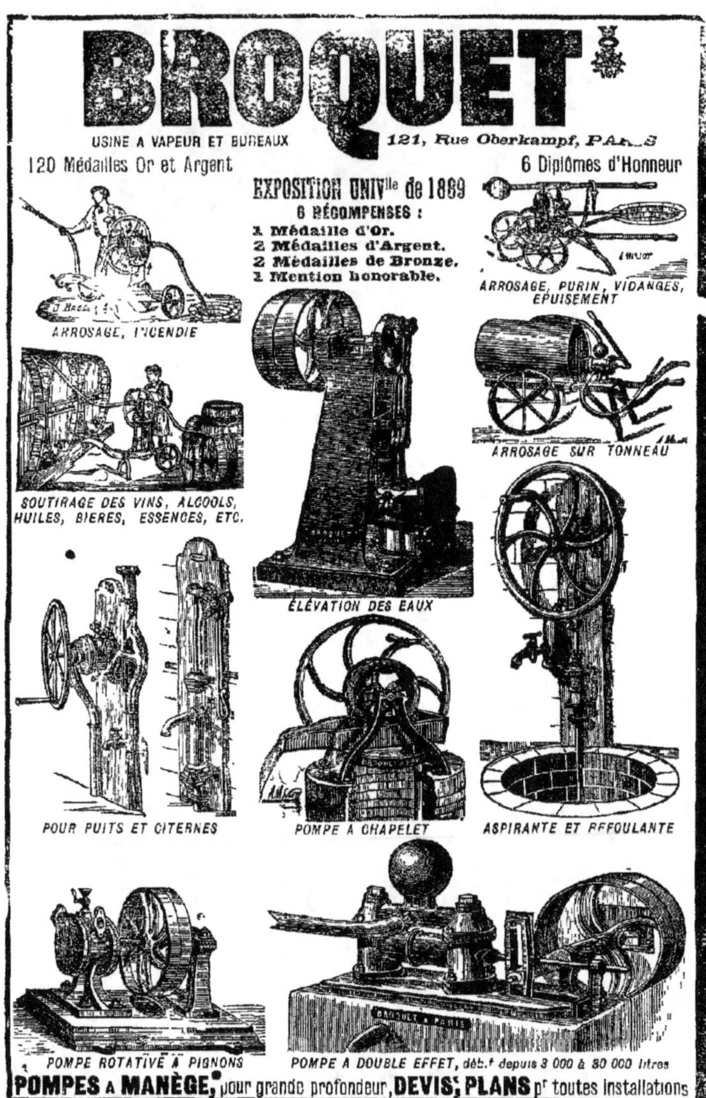

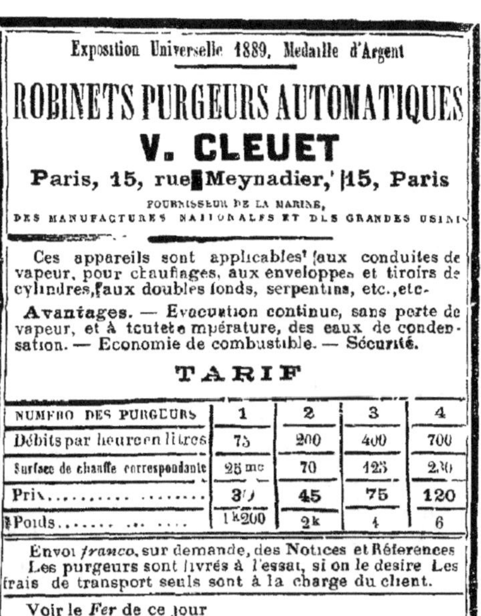

Exposition Universelle 1889, Médaille d'Argent

ROBINETS PURGEURS AUTOMATIQUES
V. CLEUET
Paris, 15, rue Meynadier, 15, Paris

FOURNISSEUR DE LA MARINE,
DES MANUFACTURES NATIONALES ET DES GRANDES USINES

Ces appareils sont applicables aux conduites de vapeur, pour chauffages, aux enveloppes et tiroirs de cylindres, aux doubles fonds, serpentins, etc., etc.

Avantages. — Evacuation continue, sans perte de vapeur, et à toute température, des eaux de condensation. — Economie de combustible. — Sécurité.

TARIF

NUMÉRO DES PURGEURS	1	2	3	4
Débits par heure en litres	75	200	400	700
Surface de chauffe correspondante	25 mc	70	125	2.0
Prix	3..	45	75	120
Poids	1k200	2k	4	6

Envoi franco, sur demande, des Notices et Références Les purgeurs sont livrés à l'essai, si on le désire Les frais de transport seuls sont à la charge du client.

Voir le Fer de ce jour

INSERTIONS GRATUITES

Nous prions ceux de nos abonnés qui nous demandent des renseignements de joindre toujours un timbre pour la réponse, sans quoi il ne serait pas donné suite à leur demande.

Spécialité de roues en fonte d'acier recuite et en fonte d'acier Martin de première qualité garantie.

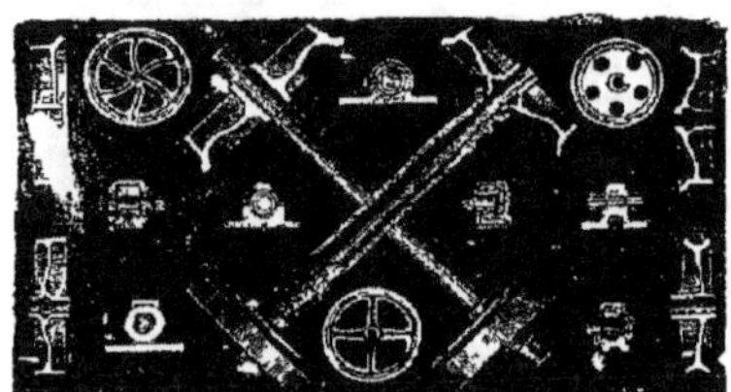

F. MARTI
Winterthour (Suisse).

Société du véritable Emeri de Naxos

NAXOS-UNION

à Francfort-sur-Mein (Allemagne)

Spécialités : Meules en Corindon Emeri pour travailler les outils et tous les métaux à sec et avec de l'eau, de composition élastique fort résistante.

Machines à meules en Emeri en plus de 100 modèles différents.

CHEMIN DE FER DE PARIS A LYON ET A LA MÉDITERRANÉE

Méditerranée-Express, train de luxe tri-hebdomadaire entre Paris (gare du Nord). Nice et Vintimille et vice-versâ. Trois fois par semaine, les mercredi (nuit du mardi au mercredi), vendredi et dimanche, (nuit du samedi au dimanche), à minuit 15 part de la gare de Paris-Nord, pour Nice et Vintimille un train dénommé : « Méditerranée-Express », composé de wagons-lits, sleeping-cars, et d'un wagons-restaurant.

La traversée de Paris, du réseau P.-L.-M., ou vice versâ, a lieu par le chemin de fer de Petite-Ceinture.

Le Méditerranée-Express arrive le même jour à Cannes à 7 h. 11 soir, à Nice à 7 h. 46, à Monaco à 8 h. 47 et à Vintimille à 9 h. 7.

Au retour, ce train part de Vintimille les lundi, jeudi et samedi à 4 h. 53 du soir, de Menton à 5 h. 16, de Monaco à 5 h. 40, de Nice à 6 h. 08, de Cannes à 6 h. 59, pour arriver à Paris (Nord) le lendemain à 2 h 30 soir.

Il prend à et pour tous ses points d'arrêt les voyageurs en destination ou en provenance de Paris (gare du Nord). Il prend également des voyageurs à chacun de ses points d'arrêt pour les autres, à la seule condition qu'il y ait des places disponibles au passage.

On peut se procurer des billets : à Paris, à la gare du Nord et à l'agence des Wagons-lits, 1, quai Masséna ; enfin à toutes les gares où ce train prend des voyageurs. Le nombre des places est limité.

LE FER

REVUE MÉTALLURGIQUE

ABONNEMENTS

FRANCE : Un an...................... 12 fr
ÉTRANGER. Port en sus.

ANNONCES

Envoi du tarif sur demande adressée à
M. DELYON Propriétaire-Gérant.

ADMINISTRATION

L'Administration du Journal répond directement à toute lettre qui lui est adressée affranchie, munie d'un timbre poste ou de la bande d'abonnement, faute de ces deux formalités, elle répond par la voie du journal.

Les demandes, envois et communications doivent être adressés à M. DELYON Propriétaire-Gérant 48, rue de Maubeuge.

Ceux de nos abonnés, dont l'abonnement est expiré et qui ne désirent pas continuer leur abonnement, sont priés de vouloir bien refuser le journal au facteur, en écrivant sur la bande le mot REFUSÉ.

A défaut de cette mention, nous les considérons comme réabonnés, et à ceux qui ne nous auront pas envoyé le mandat avant la fin du présent mois nous ferons présenter une traite postale, du 1er au 10 du mois prochain.

SOMMAIRE

MARCHÉ DU FER
ET DE SES DÉRIVÉS

Paris

Les marchands de la place ne s'expliquent pas la raison pour laquelle une des maisons les plus sérieuses persiste à ne pas vouloir se mettre à la hausse comme toutes les autres. Cette maison a envoyé encore tout récemment des circulaires a 15 fr. les fers marchands et 16 fr. les planchers quand il y a possibilité de vendre maintenant à 15 fr. 50 les fers marchands et 16 fr. 50 les planchers, prix tenus par tout le monde.

Ce qu'il y a de plus curieux dans l'affaire, c'est que la maison qui fait la baisse n'a presque rien acheté. Est-ce une manœuvre? Nous le croyons et nous préférons cette explication à celle attribuée à certain froissement produit. Quoi qu'il en soit, la hausse ne paraît pas devoir se faire immédiatement par suite de l'incident dont nous venons de parler. C'est d'autant plus regrettable que les affaires paraissent devoir prendre une bonne activité.

Depuis quelque temps le ministre de la marine met en adjudication des quantités assez importantes de tôles ondulées et galvanisées pour les colonies. A cet égard, on nous annonce la formation d'une Société anonyme à Nouzon qui exploiterait un brevet anglais pour la galvanisation des tôles et permettant une grande économie, paraît-il. D'ailleurs il est à remarquer que la tôle ondulée tend de plus en plus à remplacer la tuile en terre cuite. Ce n'est certainement pas nous qui nous plaindrons de cette transformation et de bien d'autres encore qui se feront en faveur de la métallurgie.

Ardennes et Nord-Est

L'aspect du marché reste assz sombre; les affaires ne se traitent qu'à force de concessions; la concurrence est aujourd'hui tellement développée qu'il y a peu d'espoir de voir renaître les anciennes traditions commerciales.

Il faudrait pour cela d'immenses besoins, longtemps renouvelés, dépassant les ressources de la production actuelle; malheureusement, cet horizon ensoleillé n'est pas à portée de notre vue.

Sans désirer l'impossible, on augurait mieux du retour du printemps; les pronostics étaient relativement favorables; on commence à en rabattre : telle est, pour le moment, la situation exacte.

— On nous affirme que la Société des clouteries mécaniques de la Forge-Nouzon n'est pas en liquidation, comme nous l'avons annoncé dans notre dernier numéro, mais qu'en présence de la situation faite aux fabricants qui ne produisent pas le fil machine, cette Société songerait à céder son usine à un établissement qui voudrait dénaturer ses produits.

Nous lisons dans le journal *L'Ancre de Saint Dizier* :

Loire et Midi

Situation sans changement sur notre place et qui n'est que la redite des semaines précédentes depuis longtemps déjà.

Nous noterons par continuation le cours des fers de 15,50 à 16 fr. avec plus ou moins d'observance des classes suivant les vendeurs.

L'activité se maintient satisfaisante dans les usines de produits manufacturés. Cette semaine, différentes petites affaires ont été traitées, en matériel de chemin de fer notamment. En ce genre d'articles, l'exportation continue à envoyer de bonnes commandes à nos usines. Nous pourrions en citer quelques-unes dont une bonne partie de la production va à l'étranger, et ce malgré des droits de douane et frais de transports élevés.

Nos usines viennent d'obtenir une bonne part des dernières commandes de la marine Des plaques de blindages pour le *Charles Martel* ont été adjugées cette semaine à la Société des Forges et Aciéries de Firminy. Il y a un ensemble de 42 plaques pesant de 18 à 20 tonnes chacune. D'autres plaques pour le blindage du tambour du même bâtiment sont données aux Aciéries de Saint Etienne.

Nous avons constaté à plusieurs reprises combien la concurrence Nord, soit pour les fers marchands, soit pour les spécialités, devenait intense pour les industriels de la Loire et du Centre. Une récente soumission de ressorts pour les chemins de fer de l'Etat nous donne l'occasion d'en faire une nouvelle constatation. Une usine du Nord a été adjudicataire au prix de 21,600 fr. en chiffres ronds, tandis que Commentry Fourchambault et Firminy présentaient respectivement 47,000 et 34 800 fr. Ces chiffres nous paraissent suffisamment instructifs pour se passer de commentaires.

Les travaux de l'exposition internationale de Lyon marchent grand train; quelques chantiers lyonnais y sont activement occupés. Les premiers fers commencent à arriver à pied d'œuvre.

L'ouverture officielle en est fixée au 26 avril 1894

On nous écrit de Saint-Étienne :

Le marché sidérurgique est toujours dans les mêmes conditions, plutôt à la faiblesse; cependant, la saison d'été approchant, il semblerait qu'il doit y avoir une reprise générale. En effet, c'est le moment des grands travaux de construction, surtout pour les bâtiments.

Nous croyons devoir compléter nos renseignements sur les expériences de tir faites à Lorient avec des obus de 0m10 sur plaques de 0m12. Au tir normal, les obus des usines Verdié, Jacob Hollzer et Claudinon ont percé, comme nous l'avons dit, ces plaques avec une grande facilité. Au tir oblique, sous un angle de 20°, les obus des aciéries Hollzer et de Firminy ont percé les plaques, mais ils se sont brisés à la sortie; l'obus des Claudinon, seul, ne s'est pas brisé. C'est un véritable succès pour cette dernière maison, qui, jusqu'à présent, n'avait pas fait de ce genre de travail.

On dit que les Chemins de fer du Nord feront cette année une certaine quantité de commandes de matériel.

Les travaux marchent assez régulièrement aux forges de Commentry Fourchambault. Les ventes subissent cependant une certaine réduction, mais la plupart de leurs usines donnent des résultats assez satisfaisants.

A Decazeville, dans la houillère, les travaux sont remis en bon état pour l'industrie métallurgique. On est certain, dès à présent, qu'on peut fabriquer économiquement avec les minerais. Pour cette raison le conseil a été amené à s'occuper de la création d'une aciérie dans cette localité.

La marche des usines de la Loire est toujours régulière et ne présente aucun détail à signaler.

La marine donnera en avril plusieurs petites commandes.

Meurthe-et-Moselle

La reprise est décidément commencée. La persistance du printemps, non moins que celle des cours, a triomphé des hésitations vraiment trop longues de la consommation commerciale. Un bon courant d'ordres est venu cette semaine confirmer la fermeté des cours. On traite donc facilement en forges à 14 fr. 50 et même à 15 fr. les 100 kil., avec écarts habituels suivant quantité.

Nous avons à enregistrer cette semaine les résultats d'une importante adjudication que nous avions signalée, celle des chemins de fer de l'Etat, où les aciéries de Longwy ont enlevé le principal lot de 4,000 tonnes de rails d'acier à 162 10 la tonne prise à l'usine, et les usines du Nord et de l'Est 2,000 tonnes à 161 45 dans les mêmes conditions. La totalité de la commande mise en adjudication a donc été obtenue par les usines du département de Meurthe-et-Moselle. C'est un beau succès pour notre métallurgie.

Nos usines de l'Est étaient encore en présence, le 2 mars dernier, pour une commande de tôles communes à empreintes. L'adjudication est restée en fin de compte à une Société représentée en Meurthe-et-Moselle par les hauts fourneaux de Rehon. C'est la Société de la Providence qui a obtenu le lot entier à 20 50, concurremment avec les forges de Maubeuge, 21 75; celles de Châtillon-Commentry, 23 fr.30, Denain, 23 fr 75; forges de Franche-Comté, 23 fr. 90; Fould-Dupont, 23 fr. 96. La soumission du Creusot avait été écartée.

Haute-Marne

Encore une huitaine qui a été bonne quant aux demandes, quoique présentant moins d'animation que la précédente.

Tous ces ordres sont donnés avec recommandation d'une livraison à brève échéance. I y a naturellement une bonne marche dans tous les établissements. Nous ne parlerons pas des prix, qui sont soutenus avec fermeté pour la plus grande partie des articles.

Ainsi, la verge n° 21 se paye environ 19 fr. les 100 kil. et l'on vend la pointe n° 20 de 20 à 21 fr., c'est-à-dire, en comptant le coût du tréfilage du premier n° à 1 50, au-dessus du prix du fil. C'est la mort du tréfileur et du pointier s'il n'y a point de changement apporté et très prochainement.

Belgique

Le marché sidérurgique reçoit une certaine animation avec les ordres plus réguliers du printemps. Cependant ces ordres n'ont plus l'importance d'autrefois. En effet autrefois ils étaient capables de déterminer une reprise d'affaires et cette année leur action sur l'état des choses est loin d'aller jusque-là.

On avait compté un moment que l'augmentation des droits d'entrée sur les produits métallurgiques français en Suisse permettrait aux nôtres d'y trouver un large accroissement de nos ventes dans ce pays. Malheureusement les conditions de transport ne nous favorisent pas assez et en somme ce sont les allemands qui profitent le plus de l'aggravation des droits de douane supportée pour les produits français. D'après des tarifs comparatifs que nous avons sous les yeux, les usines allemandes paient en moyenne pour la Suisse, de 1 fr. à 1 25 par 100 kilos (nous disons *cent* kilos) de moins que nous. Comme on voit, c'est toujours la question de transport qui prime toutes les autres dans les luttes entre pays producteurs.

Angleterre

Nord et Cleveland. — Il y a peu d'animation dans le marché des fers finis et les producteurs se ressentent vivement de cette mauvaise situation. Mais il ne paraît y avoir de l'amélioration dans aucune des branches et pour ce motif les consommateurs doutent qu'il puisse y avoir une continuation de l'activité qui s'est produite dans la branche des fontes. On cote les barres ordinaires à 5 00 L. les tôles pour navires à 4 15 L. sh. les tôles pour chaudières à 5 L. 15 sh, les cornières pour navires 4 L. 12 sh. 6 d. Les barres puddlées valent 5 L. 5 sh. net aux usines.

Nord de Staffordshire. — Le marché des fers est sans changement. La demande est faible en fers manufacturés et les spécifications ne sont remises que pour pourvoir à des besoins immédiats. En barres marchandes à 6 L. 5 sh. à 6 L. 10 sh. on place des ordres pour prompte exécution et les meilleures sortes se cotent 7 00 L. mais n'attirent pas beaucoup d'acheteurs. En cornières et en tôles les affaires sont lentes et les feuillards ne se vendent pas bien. Les prix en cours restent sans variation.

Sud de Staffordshire. — Le chiffre d'affaires traitées dans le marché des fers du Sud de Staffordshire pendant la semaine est à la hauteur de ce qu'on attendait malgré que les ordres ne paraissent pas avoir une importance suffisante pour s'étendre loin dans le trimestre prochain. Les producteurs des meilleures sortes de fer ont traité peu d'affaires et les achats pour l'intérieur du pays sont presque toujours pour prompte livraison.

Glasgow et Ouest d'Ecosse. — Le marché est calme et toutes les usines ne sont pas régulièrement occupées. Certaines ont beaucoup de difficultés à maintenir leurs laminoirs en activité.

Le marché des aciers est toujours déprimé et la baisse importante sur les actions de la Stell Company of Scotland en est une preuve. La concurrence est très forte et les producteurs du Nord d'Angleterre fixent des prix très bas pour livraison dans ce district.

(La Métallurgie du Nord)

BULLETIN DES METAUX

CUIVRE

Londres : Tough Cake et lingots, 48 à 48 10 liv. st. par tonne de 1.015 kil.; Best Selected, 49 10 à 50 liv. st.; laminé, 57 à 57 10 liv. st.; fonds de chaudières, 60 à 60 10 liv. st.; Chili en barres bon ordinaire, 45 8 9 liv. st. comptant; 3 mois, 45 16 3 liv. st ; bronze phosphoreux, 88 liv. st ; id. n°s III ou V, 93 liv. st.; n° VII, 95 liv st.; n° XI, 90 liv. st.; fil de laiton, 5 3/4 d. la livre ; tubes de laiton, 5 3/4 d.; laiton en feuilles, 6 1/2 d.

P.-S — 4 avril : cuivre Chili, 45 5 à 45 12 6 liv. st.

Paris (Cote de la Bourse, livraison au Havre) : Chili en barres, 120 fr. les 100 kil.; dito sorte ordinaire, 116,25; dito en lingots, 123,25; anglais Best Selected, 126 75; pur minerai de Corocoro, 121,25.

Marseille : Cuivre du Japon en plaques, 118 fr.; rouge Tokat, 118 fr ; raffiné en petits lingots, 125 fr.; dito rouge à doublage, 147 fr.; dito rouge en ronds, 157 fr.; jaune en feuilles 140 fr.

Hambourg : Cuivre anglais en lingots, 51 a 54 M.; anglais pour doublage, 69 à 71 M. (douane comprise); métal jaune, 60 M.; électrolytique, 51 à 56 M. (par 50 kil.).

New-York : Cuivre du Lac disponible, 11 50 cts.

Valparaiso : Marques ordinaires, 00 doll.; Lota, 00 00 doll.

ETAIN

Londres : Lingots franco bord, 97 liv. st.; barres, 98 liv. st.; raffiné, 99 liv. st.; Australien, 95 17 6 à 96 liv. st.; Banca, 94 10 à 94 12 6 liv. st.; Détroits, 93 12 6 liv. st.: 3/m., 91 liv. st.

Paris (Cote de la Bourse) : Banca livr. Havre ou Paris, 255 fr.; Billiton dito, 247 50; Détroits dito, 247 50; Anglais, livr. Havre ou Rouen, 250 fr.

Marseille : Détroits, 240 fr.; Billiton 240 fr.; en verges, 255 fr.; Banca, 260 fr.

Hambourg : Banca, 103 M; anglais en blocs, 103 M.; en barres, 104 M. (par 50 kil.)

Rotterdam : Banca, fl. 56 1/4; Billiton, 56 1/4 fl.; Détroits, 56 1/4 56 3/8 fl.

Batavia : Etain Billiton, fl. 00 00 le picol.

Penang : Etain, 38 65 doll. le picol.

New-York : Détroits, 20 55 cts.

PLOMB

Londres : Anglais en saumons ordinaires, 9 17 6 à 10 liv. st. à 10; LB, 10 7 6 liv. st. à 10 10; WB, 00 liv. st. à 00;

feuilles et barres, 10 17 6 liv. st. 11;
tuyaux, 11 7 6 liv. st. à 11 10; minium,
12 12 6 liv st. à 12 15; céruse, 16 7 6 liv.
st. à 16 10; plomb de chasse breveté,
13 17 6 liv. s . à 14 00; plomb d'Espagne,
9 17 6 liv. st.

Paris (Cote de la Bourse): Diverses
provenances livrables à Paris, 25 75;
Diverses provenances livrables au Havre
25 fr.

Marseille: Plombs doux 1re fusion,
25 fr. à 25 50, 2e fusion, 24 fr.; laminé et tuyaux, 30 fr.; grenailles, 31 ...;
minium, 31 fr.: céruse de Marseille, 58 fr.;
régule d'antimoine, 120 fr.

Hambourg: Anglais en saumons, 11 80
M.; allemand en rouleaux, 12 30 M.; allemand en saumons, 11 80 M.; plomb
d'Espagne, 14 00 M. par quintal; céruse,
22 à 24 M.

New York: Plomb indigène, 3 90 à
3 95 cts.

ZINC

Londres: Zinc de Silésie ou du Rhin,
17 10 liv. st.; marque spéciales, 17 12 6
liv st.; anglais à Swansea, 18 00 à 18 20
liv. st. anglais en feuilles, 20 5 à 20 15
liv. st.

Paris (Cote de la Bourse): Zinc de Silésie livrable au Havre, 47 25 liv. st.;
autres bonnes marques liv. au Havre,
46 75 liv. st.; dito à Paris, 47 00.

Marseille: Zinc en feuilles Vieille-
Montagne, 61 00 fr.; zinc en plaques,
42 à 43 fr.; plaques de Silésie, 48 50.

Hambourg: Silésie dispon. 21 50 à
22 M.; à livrer, 19 à 19 50 M.; laminé de
Silésie, 22 à 23 M.; Vieille Montagne dito,
22 à 23 M.; blanc de zinc, 21 à 28 M.;
gris de zinc clair, 20 M.; id. foncé, 22 M.

New-York: Zinc indigène, 4 35 cts;
raffiné, 00 cts; Silésien, 5 5/8 cts.

FER-BLANC

Londres: Au bois 1re qualité, 0 15 0 à
0 17 0 liv. st. par caisse; dito 2e qualité,
0 13 6 à 0 14 0; au coke 1re qualité,
0 12 6 à 0 13 0 liv. st. 2e qualité, 0 11 9 à
12 liv. st.

Marseille: C. 26 f. par caisse.

New-York: Siemens-coke IC. 5 75 doll.;
Bessemer-coke IC 5 60 à 5 65 doll.; id.
ordinaire, 5 50 doll.; IC bois Allaway.
5 70 doll.; IC coke Pelan, 5 20 doll.; IC
coke J.-B., 5 375 doll.; fer-blanc terne
Dean, 5 30 à 5 37 doll. 1/2.

MERCURE

Londres: De première main, 6 10 0 liv.
st.; de seconde main, 6 9 0 liv. st.

CHARBONS

France

On lit dans le journal *Le Charbon*:
Les marchés ne se passent pas aussi
facilement que l'on aurait pu le croire, il
faut en rabattre, les Compagnies houillères prétendent maintenir les cours, et
les acheteurs avaient escomptés une
baisse de prix.

Pour le Nord et le Pas-de-Calais, on ne
diminue pas l'extraction, et certainement
l'exercice 1892 sera supérieur à 1893.

Dans la Loire, la situation reste aussi
très bonne et les prix sont encore mieux
tenus.

Mines d'Aniche. — Tout-venant se,
13 fr; tout-venant gras de Douai, 14;
gailleteries, 23; gailleteries, 19 gailletin,
braisette, 22; braisette, 8; grains lavés
pour forges, 16; pour générateurs, 14;
coke lavé, n° 1, 23; n° 2, 22; coke non
lavé, n° 3. 20

Les charbons demi-gras valent:
Gailleteries, 24; gailletins 21; têtes de
moineaux, 21; criblés, 0 m. 04, 22, tout-
venant 30 0/0, 14.

Les charbons gras valent:
Grains lavés demi-gras, 13; gailleteries,
20; criblés 0 m. 04, 18; criblés 0 m. 02,
16, tout-venant 30 0/0, 13; grains lavés
pour forges, 15.

Produits fabriqués. — Briquettes, 15;
cokes de fonderies, 20; coke de métallurgie, 14.

Béthune, charbons gras, fine, 12 50;
industriel, 13 50; tout-venant, 14.

Bruay à flambants fines à 10 50; industriels à 14 50; tout-venant fort à 18.

Marles même prix.

Carvin, 1/2 gras, 11; fines à 12; industriel, 13 tout-venant.

Crespin, charbon gras, 9 à 12 50; l'industrie, 13 50; tout venant, 14.

Courrières, aux mêmes prix.

Dourges cote fine à 60 m/m, 13; et Drocourt, même prix que Béthune.

Mines de Liévin. — Fines, 12 50; industriel, 13 50; tout-venant, 14 50.

Lens, fines grasse, 11; industriel, 12;
tout-venant, 13 25.

Thivencelles cote ses 1/4 gras 8 90 pour
les fines, 11 pour l'industriel, 11 50 pour
le tout-venant et 14 pour le tout-venant
fort.

Belgique

Le marché charbonnier belge entrera
probablement, pour deux ou trois semaines, dans une période de calme relatif. En effet, maintenant que l'adjudication des chemins de fer de l'Etat est
annoncée, on en attendra les résultats
avant de traiter pour l'industrie.

Tous les consommateurs de fines de
machine se basent toujours plus ou
moins sur les prix que l'on fait pour
l'administration des chemins de fer,
avant de s'engager pour un nouveau trimestre.

Il n'y a pas de charbons de forges an-
noncés comme devant être soumissionnés; mais, comme les cours de ce
genre de combustible sont presque toujours dans un rapport donné avec ceux
des menus de grille, on attendra pour
ceux-ci aussi bien que pour les autres.

Il est donc inutile de préjuger, en ce
moment, ce que seront les prix après le
1er avril.

Il est à peu près certain, cependant,
qu'à moins de circonstances imprévues,
on ne verra pas se produire de hausse
sur les cours moyens du dernier trimestre.

Il fut un temps où le niveau moyen des
soumissions déposées pour l'Etat était la
règle que l'on suivait absolument pour
l'industrie privée. Actuellement il n'en
est plus ainsi, à ce point la du moins.
Ce n'en est pas moins une base sur
laquelle on table plus ou moins, avec
les coefficients de variation qui proviennent de ce que l'administration des chemins de fer a montré à diverses reprises
de telles exigences que nombre des meilleurs producteurs, pour les demi-gras
surtout, ont pris la résolution de ne
jamais soumissionner à l'Etat. à Chare-
roi, notamment, on en cite plusieurs qui
n'ont plus déposé d'offres depuis nombre d'années.

Pour les cokes, les négociations continuent, d'importantes affaires sont en ce
moment en train de se traiter pour le
pays. A Charleroi, notamment, plusieurs
milliers de tonnes par mois sont en sus-
pens.

Le prix, du côté des vendeurs, est de
12 fr. environ, tandis que les acheteurs
veulent des réductions plus ou moins importantes. Il s'agit naturellement de
cokes ordinaires, les produits spéciaux
se payant en conséquence. D'ici à une
semaine environ, la situation se sera
probablement éclaircie sur ce point.

Dans le couchant de Mons, il n'y a pas
jusqu'ici apparence de faiblesse. On ne
sait pas encore si les producteurs par-
viendront à tenir jusqu'au bout, et certainement les laminoirs feront tout ce
qui est humainement possible pour faire
baisser les prix; mais, jusqu'à présent ils
n'ont rien pu obtenir sur les anciens
cours de 8 fr. pour les poussiers, de 10 fr.
pour les fines et de 12 fr. pour les tout-
venant.

Le journal (*Le Charbon.*)

Allemagne

Il n'y a pas de nouvelles à donner relativement aux cours des charbons, qui
se maintiennent à leur niveau ancien.

On a pu voir cependant par les sacrifices consentis par le syndicat pour s'assurer la fourniture du combustible nécessaire à la Compagnie de navigation de
Hambourg vers les Etats-Unis qu'il est
avec le syndicat des accommodements.

Les expéditions continuent à être très
actives. Pendant la première quinzaine
de mars il a été transporté par les chemins de fer qui desservent le bassin de la
Ruhr un total de 1,431,470 T., soit treize
jours de travail, soit 110,110 T. en
moyenne, contre 1,249,980 T. et 96,150 T.
pendant la période correspondante de

l'année dernière, ce qui donne un progrès journalier de 13,960 T. et un total de 181,940 T. ou de 14,5 0/0. Dans la Haute-Silésie on est arrivé à 448,480 T., contre 406 520 T., et à Sarrebrück à 214,100 T., contre 200,970 T., ce qui donne un progrès respectivement de 42,060 T. ou de 10,3 0/0 et de 13,130 T. ou de 6,5 0/0. Pour l'ensemble des trois districts l'augmentation et de 236 680 T. ou de 12,7 0/0.

Angleterre

Comme cela se produit ordinairement à cette saison, le commerce du charbon pour machines est un peu plus actif. Le continent commence à acheter et les prix sont plus fermes. On demande 8 sh. 6 d. pour la première qualité, 8 sh. pour la seconde et 3 sh. 3 d. pour le menu, le tout franco-bord. Le charbon à gaz et le charbon d'usage domestique ont un marché fort calme. Les prix auxquels on traite sont de 2 sh. inférieurs à ceux de l'année dernière. On a beaucoup remarqué ces jours-ci deux marchés importants, l'un conclu par la compagnie du gaz de Rotterdam et l'autre par une société suédoise. Les conditions auxquelles ces deux affaires ont été conclues sont bien plus avantageuses aux acheteurs que celles obtenues l'année dernière. Pour de petites quantités de charbon à gaz du Durham on demande de 6 sh. 3 d. à 6 sh. 6 d. la tonne franco-bord. Le coke pour hauts-fourneaux est à 12 sh. la tonne à Middlesbrough et à 14 sh. francobord. La production de ce combustible a été considérablement réduite depuis le commencement du mois.

FONTES

Belgique

Rien de nouveau à signaler dans le marché des fontes. Les cours sont ceux que nous avons déjà cités :

MARCHÉ D'ANVERS

(Correspondance spéciale)

N° 3, moulage	Fr.	5 10
N° 4, fonderie	—	5 05
N° 4, forges	—	5 00
Truitées	—	4 95
Blanches	—	4 90

Allemagne

Le marché des fontes se trouve dans une situation satisfaisante. Il y a beaucoup d'amélioration.

La réserve des consommateurs de fontes a fait place à de meilleures dispositions pour acheter à l'avance, mais les producteurs ne sont pas pressés d'inscrire des ordres aux conditions des acheteurs. La tendance générale des prix est à la hausse.

Angleterre

Nord et Cleveland. — Il y a un léger ralentissement dans l'allure du marché cette semaine.

Les besoins pour le pays sont comparativement faibles à cause de l'arrêt d'un si grand nombre de forges et de laminoirs et à cause de la dépression continue dans le marché des fers finis et de l'acier. L'amélioration ce mois-ci dans les fontes est considérée simplement comme toute passagère. Les consommateurs du pays ne sont donc pas très désireux d'acheter à l'avance et ils continuent leur système de n'acheter qu'au jour le jour ; les producteurs ayant fait de très bonnes affaires ce mois-ci et ayant inscrit beaucoup de commandes dans leurs livres pour livraison pendant le mois prochain, maintiennent leur prix assez fermes et ne se pressent pas pour obtenir des ordres comme ils ont dû le faire pendant le mois dernier.

Les prix des fontes ne présentent pas beaucoup de changement sur ceux de la semaine passée, mais en général on peut les considérer comme plus faibles. Le numéro 1 de Cleveland G. M B. qui s'est vendu en grande partie pour embarquement sur le Continent ont réalisé 37 sh. par tonne non seulement pour prompte livraison mais aussi pour quelques semaines à l'avance et les producteurs ont très peu à offrir maintenant. Le numéro 3 a été coté 34 sh. 6 d. et 35 sh. mais on a pu se procurer de petit lots à 34 sh. 6 d, et même un peu moins de secondes mains. Mercredi le prix minimum était de 34 sh. 4 1/2 d. Les warrants de Middlesbroug étaient plus abondants et on n'est pas aussi désireux d'en acheter qu'au commencement du mois, quoiqu'un acheteur ne peut guère se tromper s'il achète aux prix actuels à cette période de l'année, alors que la valeur doit plutôt augmenter que baisser.

Le prix des fontes warrants de Middlesbrough jeudi en clôture était de 34 sh. 4 1/2 d. au comptant avec vendeurs. Les fontes de moulage numéro 4 sont assez rares et 31 sh. par tonne est le prix auquel on peut faire des affaires. Pour les fontes grises la demande est faible et les vendeurs sont désireux d'obtenir 33 sh. 3 d. par tonne ; tandis que la fonte truitée peut être obtenue à 32 sh. 9 d. et la fonte blanche à 32 sh. 6 d. quoique ces dernières sont difficiles à obtenir ; en effet il n'y a que deux ou trois producteurs qui en ont les exportations ayant été fortes et la quantité tenue étant en dessous de la moyenne.

Nord de Staffordshire. — Marché sans animation. La demande concerne des besoins limités et pressants.

Les ventes de fontes se suivent lentement, et à moins qu'on ne reçoive plus promptement des contrats, plusieurs des fabricants auront à mettre des fontes en stock, vu qu'ils refusent d'accepter des prix plus bas. La fonte d'affinage continue de faire l'objet d'une vente restreinte et la concurrence des producteurs dans le Middland empêche plusieurs fabricants d'obtenir autre chose que des commandes pour de petites quantités. La fonte de moulage jouit d'une bonne vente, non seulement dans ce pays, mais aussi dans le Lancashire et dans le Black Country. Les prix sont toujours fixés à 42 sh. et 6 d. et au-dessus et la fonte du moulage vaut 57 sh. et 50 sh. 6 d. par tonne.

Sud de Staffordshire. — La demande des fontes est soutenue et principalement pour besoins immédiats.

La valeur courante des barres marquées à 7,10 liv. st. ne laisse aucune marge de profits. En barres marchandes on continue de signaler des ventes à 6,10 liv. st. et il y a quelques bonnes commandes de fers en barres ordinaires dans les livres à 5,15 liv. st.

Les fabriques d'acier ont accepté quelques ordres de tôles, de blooms de billettes et de barres aux prix les plus bas des localités concurrentes.

Glasgow et Ouest d'Ecosse. —

Nous ne pouvons répéter que ce que nous avons déjà dit dans maints bulletins. La situation du marché des fontes est calme.

Dans le marché des fontes warrants il y a comparativement peu d'affaires à traiter et tout se fait par quelques-uns des principaux spéculateurs.

Lundi à l'ouverture du marché le ton des affaires était calme mais ferme à 30 sh. 10 1/2 d. au comptant et 41 sh. à un mois. Mardi la seule affaire traitée au comptant était à 40 sh. 9 d. mais on a aussi traité à 41 sh. 3 d. à trois mois. Mercredi marché assez actif de 40 sh. 8 d. à 40 sh. 10 d. au comptant et 40 sh. 11 d. et 40 sh. 10 1/2 d. a un mois. Jeudi marché ferme acheteurs à 40 sh. 1/2 d. au comptant et vendeurs 40 sh. 9 1/2 d.

CHRONIQUE INDUSTRIELLE

France

Mines de Carmaux. — Les malheureux événements de 1892 donnent un intérêt spécial au rapport sur l'exercice qui vient d'être soumis à l'assemblée générale du 23 mars.

En 1892, l'extraction du charbon a été de 365,716 T. (173,704 T. en moins sur 1891) ; la fabrication du coke, 33,786 T. et 19,206 T. (en moins. 18,266 T. et 9,388 T.)

Le bénéfice a baissé, d'une année à l'autre, de 2,653,480 fr. en 1891 à 984,700 francs en 1892, ne laissant disponible, après amortissements, qu'une somme de 484,000 fr., représentant seulement 20 fr. par action. Mais le conseil a proposé de prélever sur la réserve extraordinaire constituée en 1877 la somme nécessaire pour répartir un revenu de 40 fr. par action.

Cette réserve spéciale se trouve ainsi réduite à 403,500 fr., auxquels s'ajoutent 1,100,000 fr. d'autres réserves.

Commerce et navigation de l'Ile Maurice en 1891

Métaux et machines. — L'année 1891 présente, par rapport à l'exercice précédent, une diminution très sensible sur le chiffre total des importations de métaux et machines. Cette diminution porte presque uniquement sur les machines dont l'introduction avait été particulièrement importante en 1800, en raison de l'établissement du système de la diffusion dans une usine sucrière. Les différences sont peu sensibles pour les métaux eux mêmes et une notable augmentation s'est même produite pour le cuivre, comme on peut s'en rendre compte par le tableau suivant :

	1800	1891
	Roupies	Roupies
Fer	295.783	283.247
Acier	24.485	27.138
Cuivre	71.051	91.058
Plomb, zinc, étain	54.934	56.481
Machines	347.918	155.084
Total	794.201	616.908

Métaux et machines sont presque exclusivement de provenance anglaise ; la France figure seulement pour 43,000 roupies dans le chiffre des machines.

Quincaillerie et coutellerie. — La quincaillerie, en y comprenant la coutellerie, représente une valeur de 688,064 roupies en 1891 ; ce chiffre présente une diminution énorme, si on le compare aux importations des trois années précédentes :

```
    779.710 roupies en 1888
    986.724    —      1889
  1.725.693    —      1890
    688.064    —      1891
```

L'exagération des importations en 1890 a motivé leur diminution en 1891.

Allemagne

Une adjudication de bandages de wagons a eu lieu dernièrement à Cologne. Un seul soumissionnaire étranger s'est présenté, mais ses prix étaient plus élevés que ceux des usines du pays. Les prix ont été de 281 50 M. à 285 M. pour les roues de wagons, et 258 M. pour les roues de wagons à plate-forme.

Marché industriel allemand

Hambourg… Suivant les derniers renseignements fournis par la *Bœrsen Halle* la situation que le précédent bulletin dépeignait comme ne paraissant pas répondre aux espérances conçues au commencement de cette année, serait au contraire marquée aujourd'hui par une amélioration sérieuse « amélioration sur toute la ligne » dit en soulignant ce mot l'auteur du bulletin. Partout, ajoute-t-il en substance, l'opinion commence à se rendre compte de ce que cette amélioration n'est pas seulement momentanée, mais qu'elle promet d'être durable. L'esprit d'entreprise devient plus actif ; les commandes de printemps du commerce de détail ont donné enfin un grand essor à l'activité de l'industrie. De plus, de fortes commandes sont arrivées d'Angleterre et de presque tous les autres pays d'Europe Et, chose à noter parmi les meilleures, il s'est produit depuis le commencement de l'année en Allemagne moins de ces actions de payements qu'en la période correspondante de l'année passée.

Les fabriques travaillent non seulement la totalité de leurs heures, mais encore en maints endroits, des heures en surplus Parmi les branches d'industrie les plus occupées figurent les fileries, qui sont en situation de repousser toute commande n'offrant pas les prix voulus. Les fabriques électrotechniques, les fabriques pour objets en cuivre, en laiton, présentent des comptes rendus satisfaisants. La situation des fabriques de papier est surtout excellente. Les fabriques de caoutchouc sont bien occupées, et dans la branche de l'industrie des meubles les commandes commencent à affluer.

Pourvu que le choléra qui continue à hiverner, ne revienne pas, au printemps prochain, remettre tout en cause, des jours vraiment meilleurs auraient ainsi commencé pour l'industrie de ce pays.

Pour compléter ce tableau favorable, je crois devoir ajouter que la création définitive de grands syndicats Rhénans-Westphaliens pour les industries houillères a éclairci en même temps la situation financière de ce côté, et une hausse appréciable des cours des valeurs de l'industrie minière sur presque toute la ligne s'en est suivie.

BALNY D'AVRICOURT,
Consul Général de France.

Espagne

Fourniture du matériel d'incendie. — La municipalité de Vigo étudie en ce moment la question de l'organisation d'un service d'extinction des incendies et de sauvetage, pour lequel elle a l'intention d'acquérir le matériel nécessaire, conformément aux progrès modernes de la science et de l'industrie.

La commission nommée à cet effet propose de mettre immédiatement ce service en pratique, au moyen des ressources dont la municipalité peut disposer, ainsi que de celles que l'on réunira en faisant appel aux habitants et aux Compagnies d'assurances de la ville.

Bilbao a vu pendant la semaine sainte peu de transactions s'effectuer, si ce n'est quelques chargements de rubios supérieurs à des prix variant de 6 sh. à 6 sh. 6 d. Les rubios de qualité secondaire sont un peu plus faibles entre 5 sh. 9 d. et 6 sh. et les campanil de 8 sh. 6 d. à 9 sh. 3 d., suivant les conditions.

Les expéditions vers l'étranger sont un peu plus actives ; elles atteignent pour la semaine 73,573 tonnes, contre 65,065 tonnes la semaine précédente, et il est à prévoir que celles de cette semaine seront plus importantes, car les vapeurs occupés à effectuer leur chargement en attendant leur tour jaugent ensemble environ 123,000 à 125,000 tonnes.

Egypte

Nouvelles voies ferrées. — L'administration des chemins de fer égyptiens vient de décider d'affecter une somme d'environ 31,250,000 francs à la construction de nouvelles lignes de chemins de fer dans la Basse et Haute-Egypte.

D'après l'*Iron*, de Londres, les cahiers des charges seront prêts dans trois mois environ, et l'adjudication des travaux aura lieu en automne prochain.

Il est question de prolonger la ligne de Ghirgheh à Keneh et de construire un chemin de fer à voie étroite qui irait jusqu'à Louqsor.

(*Bulletin du Musée commercial*, de Bruxelles.)

Grande-Bretagne

Le marché des rails est un peu plus animé en Angleterre et on en donne comme preuve le fait que les aciéries Bolckow-Vaughan vont reprendre le travail dès que les jours de fête de Pâques seront passés. C'est là le signe probant d'une certaine amélioration.

Comme affaires nouvelles il n'y a cependant que bien peu de chose sur le marché et on ne voit guère en ce moment qu'une demande de 3,000 T. de rails pour la Colombie anglaise.

Autriche-Hongrie

Construction d'une ligne de chemin de fer.

Trieste, le 9 mars 1893… On va commencer incessamment les travaux d'un chemin de fer local entre Monfalcone (sur la ligne de Trieste à Venise) et Cervignano, village situé à la frontière autrichienne du bas Frioul. Cette petite ligne de 16 kilomètres environ nécessitera quelques travaux d'art et notamment un pont d'assez grande longueur sur l'Isonzo.

Sans doute notre industrie métallurgique se mettra sur les rangs pour obtenir la concession de ces travaux ; dans ce cas, elle aurait à s'adresser aux entrepreneurs MM. Dreossi et Antonelli, ingénieurs à Cervignano.

D'utilité toute locale aujourd'hui, ce tracé sera immédiatement relié par un tronçon de 3 ou 4 kilomètres à la ligne italienne de Mestre à San Giorgo dit Nogaro qui deviendra ainsi une voie internationale et qui aura l'avantage d'abréger de près de 80 kilomètres la distance de Trieste à Mestre, et de 2 heures environ la durée du trajet entre ces deux points et par conséquent entre Trieste et l'Italie, la Suisse et la France.

CHALLET,
Consul Général de France.

Renseignements Commerciaux

Formations de Sociétés

Le Havre. — Formation de la Soc. en nom collectif Cojin et fils, fab. de fourneaux de cuisine, appareils de chauffage, art. de ménage, charbons 82 et 84, b. Strabourg — 5 ans, du 1er juill. 93 — 80,000 fr — 16 mars 93.

Lespare. — Formation de la Soc. en nom collectif Buil et Bontey, forgerons, à St-Estèphe. — 3 ans. — 400 fr. — 12 mars 93.

Modifications de Sociétés

Paris. — Modification. — Société Bouchacourt, Magnard et Cie, fab. de boulons, 3 Rampon. — La raison devient Bouchacourt et Cie, par suite de la démission de M. Magnard comme gérant. — 2 mars 93.

Paris. — Modifications. — Société Condon et Cie, fontes, 8, pl. Anvers. — Substitution de MM. Henri et Armand Condom à M. Charles Condom, décédé. — Transfert du siège, 10, av. Grande-Armée. — 24 mars 93.

Modification. — Société Bouchetard et Cie, bois, 42 et 43, Wattignies. — Retrait de M. Victor Dussaillant à partir du 9 mars 93. — 13 mars.

Dissolutions de Sociétés

Lyon. — Dissolution. — 27 février 93. — Société Suc et Piaget, mécaniciens. — L. M. Suc, qui continue seul. — 27 fév. 93.

Lille. — Dissolution. — 7 mars 93. — Société Auguste Réveilhac et Schoenhaupt, vieux fers et métaux, fonderie, 56, Douai. — L. M. Réveilhac, qui continue seul. — 7 mars 93.

Paris. — Dissolution. — Société Boudeville et Jeuilly, ent. de serrurerie, 25, Michel-Lecomte. — M. Boudeville continue seul. — 28 fév. 93.

Faillite

Cholet. — Piffard fils, fondeur, mécanicien. — 17 mars 93. — S. M. Rondeau.

Homologation de concordat

Paris. — Millet (Henri), charbons, coke et bois, 175, fg St-Denis, domicilié, Châteaudun. — 13 mars 93. — 25 0/0 en 5 ans par 5me.

PARTIE FINANCIÈRE

Depuis notre dernier Bulletin nous avons bien peu de changements à signaler dans la tenue de notre marché. Pour les raisons que nous avons déjà données plusieurs fois et qui sont toujours les mêmes, nos bonnes valeurs sont à l'abri de tout mouvement sérieux de baisse et les fluctuations qui se produisent d'une Bourse à l'autre, sans motifs et sans conséquences.

Il est à remarquer qu'alors que le mois de mars n'a apporté que de la baisse sur notre 3 0/0, le 4 1/2 0/0 au contraire a gagné pendant la même période 0 45 environ : c'est l'ajournement de la possibilité d'une conversion qui est cause de cela.

Le 3 0/0 s'écarte peu des cours de 96 95; le 4 1/2 est à 106 50.

Le 4 0/0 Brésilien reste à 71 25 ; l'Italien est ferme à 93 fr ; l'Extérieure d'Espagne reste à 63 07 ; les Valeurs égyptiennes sont très bien tenues : l'Unifiée à 101 80; La Daïra à 102 25 ; La Privilégiée à 97 70.

Les Fonds russes sont très fermes. Les Valeurs ottomanes pareillement.

Le 3 0/0 Portugais est délaissé à 22 10 ; l'Emprunt hellénique 6 0/0 est coté 320 fr sans affaires.

La Banque de France fait 3,880 fr. Le Crédit Foncier 976 fr; le Comptoir d'Escompte 506 fr ; la Banque de Paris et des Pays-Bas, 681 fr ; le Crédit Lyonnais, 772 fr; la Société Générale, 475 fr; le Crédit Industriel, 610 fr.

Nos chemins de fer sont toujours très fermes et très demandés : le Lyon à 1,532 fr; le Nord à 1,870 fr; l'Est à 963 fr; l'Orléans à 1,625 fr; l'Ouest à 1,115 fr; le Midi à 1.327 fr.

Les Chemins Autrichiens sont calmes à 656 fr. ; les Lombards cotent 267 fr. ; les Andalous progressent à 367 50; les Nord-Espagne à 176 fr. ; les Saragosse passent à 218 75 ; les Portugais sont délaissés ; l'action de Suez baisse à 2,617 fr.; par suite des détaxes et des mauvaises nouvelles du transit.

Les Omnibus restent à 1,010 fr. ; les Voitures à 696 fr.; les Urbains à 115 fr.

La Compagnie Parisienne du Gaz est ferme à 1447 75

Les Transatlantiques cotent 515 fr.

Les Moulins de Corbeil côtuent à 690 fr.

ADJUDICATIONS

Adjudications prochaines

— Paris, 13 avril : Construction d'une passerelle sur la Marne pour relier les communes de Bry et du Perreux 110 000 fr.

— Paris, 13 avril : Fourniture à l'intendance militaire de 120.000 pe ils bidons d'un litre, 17 mille petits bidons de 2 litres, 30.000 gamelles à 4 hommes, 30.000 marmites à 4 hommes, 300 marmites de peloton.

— Tourcoing, 13 avril : Fourniture et travaux pour la distribution de l'eau de Lys. Conduite en fonte de 0.500 et entretien, 81 t., 13.800 fr.; tuyaux en cuivre 1.400 fr.; robinets en bronze 2.600 fr. — Construction de l'usine élévatoire de la Viscourt Serrurerie 20.403 f. ; conduite en fonte de 0 800, 1.400 t., 202.860 f.

— Bucarest (Roumanie), 14 avril : Fourniture au ministère de la guerre de 23.000 boucles de ceinturon avec plaques et crochets.

— Paris, 14 avril : Fourniture aux chemins de fer de l'État de 500 tonnes d'éclisses en acier pour rail dissymétrique (modèle 1891), livrables au dépôt de Beillant.

— Paris, 14 avril : Adjudication pour les chemins de fer de l'État de 30 changements à 2 voies, type État, modèle 1888, livrables à Mondoubleau.

— Paris, 14 avril : Adjudication de fourniture de matériel pour les chemins de fer de l'État : 1,300 tonnes de coussinets en fonte pour traverses métalliques (mod.

1893), en 2 lots ; 85 tonnes de boulons en acier pour coussinets de traverses métalliques (mod. 1893); 25 tonnes de boulons d'éclisses en fer (type Charente), le tout livrable à Beillaut.

— Bourges, 14 avril : Fourniture à l'artillerie de : 1° 10,000 kil. de cuivre en feuille de 0 m/m 9 ; 700 kil. de cuivre en barres rondes de 25 m/m, par conversion de 11,900 kil. dont : 4,000 kil. de riblons de cuivre et en objets divers, 2 000 kil. de riblons de cuivre en tournures, 1,500 kil. de riblons de bronze, 4,400 kil. de riblons de laitons divers — 2° 17,000 kil. de laiton neuf en feuilles de 0 m/m 6 ; 2.000 kil. de laiton neuf en bandes de 1 m/m ; 5,500 kil. de laiton neuf en barres rondes de 14 m/m ; 500 kil. de laiton neuf en barres rond s de 22 m/m ; 200 kil. de laiton neuf en fil de 4 m/m recuit, par conversion de 22,500 kil., dont : 11,500 kil. de riblons de laitons divers 8,000 kil, de riblons de lai on en tournures.

— Blois, 15 avril : Exécution de barrières en fer à la ligne de Tours à Sargé, section de Monloire à Sa gé, 11,500 fr.

— Troyes, 15 avril : Construction d'un tablier métallique sur le pont au passage de la Barse, commune de Saint-Parres-aux-Tertres. 6,800 fr.

— Commentry, 16 avril : Construction d'un hotel de ville. Serrurerie et quincaillerie 48,340 fr.

— B carest (Roumanie), le 17 avril : Adjudication pour l'armée de 15,000 boîtes de fer blanc pour la graisse.

— Toulon, 19 avril : Fourniture à la marine de rondelles et brides à collet en bronze ; tôles et barres profilées, en 6 lots, par transformation.

— Bucarest (Roumanie), 19 avril : Fourniture au compte de la guerre de 12,000 étrilles pour les chevaux.

— Paris, 20 avril : Fourniture à la Direction générale des Postes et Télégraphes de : 1° 855,000 consoles diverses, 602,000 vis et 4,500 tiges, en 7 lots ; 2° 75,000 mai chons de raccordement pour fil de 3 m/m et 50,000 cloches en fonte, en 1 lot ; 3° 250 000 kil fil de fer de 3 m/m, en 2 lots : 4° transformation de 100,000 kil. fil de fer vieux en fil de 3 m/m.

— Belfort, 24 avril : Fourniture de charbon de terre (houille à l'état naturel ou en briquettes) nécessaire aux manutentions militaires de la place de Belfort, ses forts et le fort de Giromagny, du jour de l'approbation du marché au 30 juin 1894.

— Madrid, 27 avril : Construction d'un pont sur l'Ebre, à Tortosa. Montant des travaux 932.236 fr.

— Beauvais, 29 avril : Construction de portes métalliques pour les écluses des dérivations de l'Oise, 240.000 fr.

— Paris, 6 mai : Travaux de plomberie et fontainerie à l'hôpital Tenon, 35 685 fr.

— Anvers, 6 mai : Construction de la nouvelle écluse maritime au bassin Lefebvre, 1,983,900 fr.

— Nantes, 9 mai : Fourniture à l'établissement d'Indret de limes, faucillons et limes-rabots pour cylindres.

CHEMINS DE FER DE L'OUEST

La Compagnie des Chemins de fer de l'Ouest a l'honneur de porter à la connaissance du public que, depuis le 15 septembre courant, la durée de validité des billets d'aller et retour ordinaires de grandes lignes, délivrés aux conditions de son tarif spécial G. V. n° 2, vient d'être modifiée comme suit :

Pour les parcours de....

	1 à 30 kilom.	—	1 jour
—	31 à 125	—	2 jours
—	126 à 250	—	3 jours
—	251 à 400	—	4 jours
—	401 à 500	—	5 jours
—	501 à 600	—	6 jours
—	au-dessus de 600	—	7 jours

L'amélioration consiste dans l'abaissement de 75 à 30 kilomètres de la 1re coupure et dans l'allongement d'un jour pour les parcours supérieurs à 400 kilomètres et de deux jours pour les parcours supérieurs à 600 kilomètres.

Ces délais de validité continuent à être augmentés, le cas échéant, des dimanches et jours de fête.

CHEMINS DE FER DE L'OUEST

Abonnements sur tout le Réseau

La Compagnie des chemins de fer de l'Ouest fait délivrer, sur tout son réseau, des Cartes d'abonnement nominatives et personnelles (en 1re, 2e et 3e classe), pour 3 mois, 6 mois ou un an.

Ces cartes donnent droit à l'abonné de s'arrêter à toutes les stations comprises dans le parcours indiqué sur sa carte et de prendre tous les trains comportant des voitures de la classe pour laquelle l'abonnement a été souscrit.

Les prix sont calculés d'après la distance kilométrique parcourue.

Il est facultatif de régler le prix de l'abonnement de six mois ou d'un an, soit immédiatement, soit par payements échelonnés.

Ces abonnements partent du 1er et du 15 mai de chaque mois.

CHEMINS DE FER DE PARIS A LYON ET A LA MÉDITERRANÉE

EXCURSION EN CORSE
Du 3 au 26 avril 1893

La Compagnie Paris-Lyon-Méditerranée, d'accord avec la Compagnie des chemins de fer Départementaux et la Compagnie Marseillaise de Navigation à vapeur, vient d'organiser, avec le concours de l'agence des Voyages économiques, une excursion en Corse comprenant l'itinéraire suivant :

Paris, Nice, Bastia, Le Cap (Corse), Ile Rousse, Calvi,-Corte, Ajaccio, Propriano, Sartène, Bonifacio, Ajaccio, Marseille, Paris.

Prix de l'excursion complète : 1re cl. 459 fr. 20 2e cl. 408 fr. 75.

Ces prix comprennent le transport en chemins de fer, les traversées de Nice à Bastia et d'Ajaccio à Marseille, la nourriture, le logement, les voitures et omnibus pour les excursions indiquées au programme, etc., etc... et une franchise de 30 kilogrammes de bagages sur tout le parcours.

Le nombre des places est limité.

Les souscriptions sont reçues jusqu'au 30 mars 1893 inclusivement aux bureaux de l'agence des Voyages Economiques, 17, rue du faubourg Montmartre, et 10, rue Auber, à Paris.

On peut se procurer des renseignements et des prospectus détaillés : à la gare de Paris, P.-L.-M et dans les bureaux succursales de la Compagnie : rue Saint-Lazare, 88 ; rue des Petites-Ecuries, 11, rue de Rambuteau, 6 ; rue du Louvre 44 ; rue de Rennes, 45 ; rue Saint-Martin, 252 ; place de la République, 3 ; rue Sainte-Anne, 6 et rue Molière, 7 ; rue Etienne-Marcel, 18 et au bureau général des billets de chemins de fer de l'Hôtel Terminus de la gare de Paris Saint-Lazare (general Ticket Office).

CHEMIN DE FER D'ORLÉANS

JANVIER-AVRIL 1893

Excursions

aux stations thermales et hivernales des Pyrénées et du golfe de Gascogne : Arcachon, Biarritz, Dax, Pau, Salies-de-Béarn.

Tarif spécial G. V. N° 106 (Orléans)

Des billets d'aller et retour, avec réduction de 25 0/0 en 1re classe et de 20 0/0 en 2e et 3e classes sur les prix calculés au tarif général d'après l'itinéraire effectivement suivi, sont délivrés toute l'année, à toutes les stations du réseau de la Compagnie d'Orléans, pour les stations hivernales et thermales du réseau du Midi, et notamment pour :

Arcachon, Biarritz, Dax, Guéthary (halte), Hendaye, Pau, St-Jean-de-Luz Salies-de-Béarn, etc.

Durée de validité: 15 jours, non compris les jours de départ et d'arrivée.

Tout billet d'aller et retour délivré au départ d'une gare située à 500 kilomètres au moins de la station thermale ou hivernale, donne droit, pour le porteur, à un arrêt en route à l'aller comme au retour Toutefois, la durée de validité du billet ne sera pas augmentée du fait de ces arrêts.

La période de validité des billets d'aller et retour peut, sur la demande du voyageur, être prolongée deux fois de dix jours, moyennant le payement aux administrations, pour chaque fraction indivisible de 10 jours, d'un supplément de 10 0/0 du prix total du billet aller et retour.

AVIS. — La demande de ces billets doit être faite trois jours au moins avant le jour du départ.

CHEMINS DE FER DE PARIS A LYON ET A LA MÉDITERRANÉE

2° Excursion en Algérie et en Tunisie

du 11 avril au 9 mai 1893

La Compagnie P. L. M., d'accord avec les Compagnies des Chemins de fer de l'Est-algérien et de Bône Guelma ainsi qu'avec les Compagnies générale Transatlantique et de Navigation Mixte, vient d'organiser, avec le concours de l'Agence des Voyages économiques, une excursion en Algérie et en Tunisie comprenant l'itinéraire suivant.

Paris, Marseille, Alger, Mustapha, Blidah, (les Gorges de la Chiffa), Bougie, (El Chabet el Akhra), Sétif, Constantine, El Kantara, Biskra, (Oasis de Sidi-Okba), Batna, Timgad et Lambessa (Ruines Romaines), Hammam-Meskoutine, Bône, Tunis, (La Marsa, Le Bardo, Carthage), La Goulette, Marseille, Paris.

Prix des billets : 1re classe, 801 fr. 55. — 2e classe, 730 fr. 50.

Les voyageurs qui préféreront faire les traversées de Marseille à Alger et de La Goulette, à Marseille sur les bateaux de la Compagnie Générale Transatlantique auront à payer un supplément de :

94 fr. 80 en 1re classe et 81 fr. 40 en 2e classe.

Ces prix comprennent le transport en chemins de fer en France et en Algérie la nourriture, le logement, les voitures pour la visite des villes, l'entrée dans les monuments, etc., etc., et une franchise de 30 kilogrammes de bagages sur tout le parcours.

Le nombre des places est limité.

Les souscriptions sont reçues jusqu'au 6 avril 1893 inclusivement aux bureaux de l'agence des Voyages économiques 17, rue du faubourg Montmartre et 10, rue Auber, à Paris.

On peut se procurer des renseignements et des prospectus détaillés à la gare de Paris P. L.-M. et dans les bureaux succursales de la Compagnie : rue Saint-Lazare, 88; rue des Petites-Écuries, 11; rue de Rambuteau, 6; rue du Louvre, 14; rue de Rennes, 15; rue Saint-Martin, 252. place de la République, 8; rue Sainte-Anne, 6 et rue Montre, 7; rue Étienne Marcel, 18; et au bureau général des billets du chemins de fer de l'Hôtel Terminus de la gare de Paris Saint-Lazare (Général ticket office).

CHEMINS DE FER DE L'EST

Voyages circulaires en Italie par les lignes de l'Est

La Compagnie des Chemins de fer de l'Est délivre toute l'année des billets pour de nombreuses combinaisons de voyages circulaires ayant principalement l'Italie pour objectif.

Au moyen de ces combinaisons, les voyageurs ont le choix entre un grand nombre d'excursions au Nord des Alpes (parcours en dehors de l'Italie) et au sud les Alpes (parcours italiens) qu'ils peuvent effectuer avec deux billets, dont l'un est valable pour les parcours français, suisses, allemands ou autrichiens, suivant l'itinéraire choisi, et l'autre pour les parcours italiens. La durée de validité pour les deux parcours réunis est de 60 jours.

Les prix et conditions, ainsi que les différents itinéraires à emprunter figurent dans un livret spécial des voyages circulaires et excursions publié par la Compagnie des Chemins de fer de l'Est et mis à la disposition du public dans la gare de Paris et bureaux succursales.

Dives, Cabourg e Beuzeval étaient jusqu'à présent surtout accessibles par Trouville Prochainement. les relations de ces plages avec Paris seront rendues plus rapides que par Trouville au moyen de la création de trains directs entre Mézidon et Beuzeval, en

correspondance avec les express de la ligne de Caen; ainsi, on pourra, le matin, partir de Beuzeval 25 minutes et de Dives-Cabourg 45 minutes plus tard qu'actuellement, tout en arrivant à la même heure à Paris (2 heures de l'après midi). En sens inverse, en partant, le soir, par l'express de Paris à 6 h. 30, on arrivera à Dives Cabourg 15 minutes plus tôt.

En outre, le train qui correspond à Mézidon avec l'express partant de Paris à 9 h. 30 du matin aura une marche plus rapide et arrivera à Dives-Cabourg à h. 7, au lieu de 8 h. 18, et à Beuzeval à 3 h. 15 au lieu de 3 h. 37.

Trouville n'a pas été oublié dans cette amélioration du service des trains; l'arrivée du train qui apporte les lettres et les journaux de Paris sera avancée d'une heure environ, et les baigneurs de Trouville apprécieront vivement cette avance d'une heure dans l'arrivée de leur courrier.

CHEMINS DE FER DE L'EST

Voyages circulaires par les lignes de l'Est, en Belgique, en Suisse, et Autriche et en Allemagne

La Compagnie des Chemins de fer de l'Est a organisé une série de voyages circulaires à prix réduits, qui permettent aux touristes de visiter un grand nombre de villes et de sites remarquables en Belgique : (vallée de la Meuse, grottes de Han et de Rochefort avec traversée du grand duché de Luxembourg), en Suisse : (Bâle, Lucerne, lac des quatre cantons, Zurich, Coire, l'Engadine, les Alpes (cols du Splugen du Bernardin et du Lukmanier), lac de Lugano, St Gothard, Sagatz, Schaffhouse, chute du Rhin, lac de Constance), en Italie : (les lacs italiens, Milan Venise, Florence, Rome) ; en Autriche : (Vienne, Ischl le Salzkammergut et l'Arlberg); en Allemagne Munich. Nuremberg, Stuttgart, Heidelberg, Baden-Baden, Francfort sur-Mein, Mayence et les bords du Rhin).

Pour les prix, conditions et itinéraires ainsi que pour la délivrance des billets et leur durée de validité consulter le livret spécial des voyages circulaires établi par la Compagnie des Chemins de fer de l'Est et mis à la disposition du public dans les gare de Paris et les bureaux succursales.

CHEMIN DE FER DU NORD

La Compagnie du chemin de fer du Nord, à l'occasion des fêtes de Pâques, vient de prendre les dispositions suivantes :

Les billets de familles pour les vacances, présentant des réductions de 15 à 45 0/0, seront mis en distribution à partir du mardi 28 mars courant, avec durée de validité qui s'étendra jusqu'au mardi 11 avril prochain inclusivement.

Les billets d'aller et retour individuels auront la même durée de validité.

OUTILLAGE POUR ATELIERS DE CONSTRUCTION, FORGES, FONDERIES, SCIERIES ET MANUFACTURES.
Mᵈᵒⁿ F. DELAUNAY Jⁿᵉ E. TRONCHON, Sʳ 33, Bᵈ VOLTAIRE, PARIS.
FABRIQUE D'EMERI ET MEULES EMERI
AU CROISSANT
MARQUE DÉPOSÉE
PAPIERS ET TOILES A POLIR

MEULES ÉMERI
caoutchouc et fil de lin
MEULES
MEULES PARISIENNES
Bᵗᵉˢ S.G.D.G.
C. BARBER
A AIGUISER
Mᵈᵒⁿ DELAUNAY Jⁿᵉ
29, Rue Sᵗ Ambroise, PARIS

Dix-huitième année. — N° 16   48, Rue de Maubeuge, Paris   18 Avril 1893

LE FER

ABONNEMENTS
Paris : Un an............. 12 fr.
Départ : Port en sus.

ANNONCES
du tarif sur demande adressée à
J. DELYON, Propriétaire-Gérant.

REVUE MÉTALLURGIQUE, COMMERCIALE ET FINANCIÈRE
Paraît tous les Mardis

UN NUMÉRO **70** CENTIMES

Toutes les lettres
doivent être adressées à M. DELYON,
Propriétaire-Gérant.

Les abonnements partent des 1er et 15
de chaque mois.

A. PIAT & SES FILS

PARIS   85, 87 et 94, Rue St-Maur, Paris   **SOISSONS**

Exposition 1889. — Hors concours   ## Spécialité d'Organes de Transmissions   Exposition 1889 — Membre du jury

FOURS PORTATIFS   *Installations d'Usines*   **MARTEAUX-PILONS**

OSCILLANTS B. S. G. D. G.   ATMOSPHÉRIQUES B S G D. G.
et Cubilos-Creusets.

RIVEUSES HYDRAULIQUES
à main et au moteur
ou mues par l'électricité
Système Delaloë-Piat
Breveté S G. D G.
Demander Notice spéciale.

Deux séries de Poulies à bras
paraboliques (forte et légère)
depuis 1m.0 jusqu'à 2 m.

Paliers graisseurs à méchemé-
tallique, br. s. g d. g.

CATALOGUE GÉNÉRAL Édition 1

EMBRAYAGE A FRICTION
Système Deliège breveté s. g. d. g

Poulies et manchons universels. (Demander Notice spéc.)
Séries de poulies et tambours
en 2 pièces Système Gondin
et Théart, Brevetés s g d.g.
Rayons en fer sur moyeux en
fonte.
Transmissions par câble.

Treuils — Grues — Ponts roulants. — Machines-outils. —
Presses. — Manèges,

Prix . 3 fr.

Demander Notice spéciale   Demander Notice spéciale

GRAISSEURS MÉCANIQUES - HUILES MINÉRALES
POUR CYLINDRES ET TIROIRS

GRAISSEUR MÉCANIQUE
Bté S. G. D. G.
SEUL INFAILLIBLE

ÉCONOMIE GARANTIE 50 o/o
Fourni à l'ESSAI

*Adopté par les Établissements de l'État
et par les grands constructeurs*

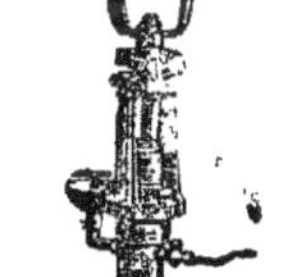

« VALVE-OIL »
HUILE MINÉRALE PURE

SPÉCIALE
pour **CYLINDRES**

*Demandez un bidon à l'Essai
Éviter les mélanges nuisibles*

TELEPHONE

DREVDAL - 30, Rue Amelot, 30 - PARIS

V᷉E TAZA-VILLAIN
FORGE ET ATELIERS DE CONSTRUCTION A ANZIN (Nord)
Pour Gérant: P. MALISSARD-TAZA, Ingénieur des Arts et Manufactures
MAISON FONDÉE EN

Matériel roulant de mines, berlines en fer et en acier

Pièces de rechange, wagonnets à minerais et à terrassements,
wagons à minerais se vidant par le fond, type Somorrostro,
wagons à houille de 10 tonnes à caisses fixes ou mobiles avec
fermetures de divers systèmes, wagons-citernes pour le transport
pétroles, alcools ou autres liquides

Matériel d'extraction, embarquement des houilles et minerais

Cages d'extraction, parachutes de divers systèmes, parachute
à vis, matériel d'épuisement et de sondage, taquets à verrous, à
ciseaux et hydrauliques, chevalets, plans inclinés automoteurs,
chargement mécanique des charbons, système Taza-Villain,
breveté s. g. d. g , avec basculeur à pendule différentiel et frein
hydraulique, chaîne flottante.

CHAUDRONNERIE ET TRAVAUX DIVERS
GÉNÉRATEURS DE TOUS MODÈLES

Tubulaires et semi-tubulaires, cheminée en tôle, bacs réservoirs
huiles de gaz et d'air, ferrures d'artillerie, four à sole tournante, système Biétrix, pour le séchage des phosphates, TRA-
VAUX PUBLICS, ponts, bateaux, margalats, dragues, godets eu
fer, écluses, barrages, caissons à air comprimé, cloches à dérochement, estacades, charpentes en fer.

CHEMINS DE FER DE PARIS A LYON ET A LA MÉDITERRANÉE

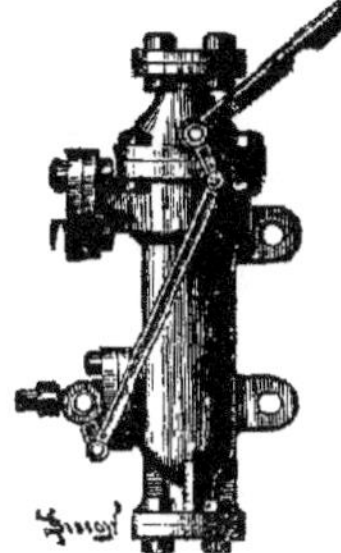

SERVICES RAPIDES

Entre Paris et Barcelone

Billets directs — Enregistrement direct des bagages

Trajet rapide en 23 heures 3/4.

La Compagnie P.-L.-M. a organisé des services rapides permettant d'effectuer le trajet de Paris à Barcelonne et vice versa, via Lyon, Cette, en 23 heures 1/4.

Aller. — Départ de Paris, les lundis, jeudis et samedis à 8 h 25 matin ; arrivée à Narbonne le lendemain à 1 h. 51 matin, à Perpignan à 3 h. du matin, à Barcelone à 8 h. 33 matin.

Retour. — Départ de Barcelone les lundis, jeudis et samedis à 6 h. soir, de Perpignan les lendemains à minuit 23, de Narbonne à 1 h. 45 matin ; arrivée à Paris à 5 h. 55 soir.

Les autres jours de la semaine, les trains de Paris à Barcelone partent de Paris à 8 h. 55 matin et arrivent à Barcelone à 10 h. 50 matin et ceux du retour partent de Barcelone à 1 h. 45 soir pour arriver à Paris à 5 h. 55 soir.

CHEMIN DE FER DU NORD

PARIS-LONDRES

Cinq services rapides quotidiens dans chaque sens

Trajet en 7 h. 1/2. — Traversée en 1 1/4

Tous les trains, sauf le Club-Train, comportent des deuxièmes classes.

Départs de Paris (viâ Calais-Douvres) : 8 h. 22, 11 h. 30 du matin, 3 h. 15 (club-train) et 8 h. 25 du soir ; (viâ Boulogne-Folkestone) : 10 h. 1 matin.

Départs de Londres (viâ Douvres-Calais) 8 h. 20, 11 h. du matin, 3 h. (club-train) 8 h. 15 du soir ; (viâ Folkestone-Boulogne) 10 du matin.

Les voyageurs munis de billets de 1re classe sont admis, sans supplément, dans la voiture de 1re classe ajoutée au club-train entre Paris et Calais.

De Calais à Londres, supplément de 12 fr. 50.

Un service de nuit accéléré à prix très réduits et à heures fixes (viâ Calais) en 10 heures. — Départ de Paris à 6 h. 10 du soir. — Départ de Londres à 7 h. du soir.

Un service de nuit à prix très réduits et à heures variables (via Boulogne-Folkestone).

Voyage circulaire en Bretagne

Billets d'excursion délivrés toute l'année

Première classe, 65 fr. — Deuxième classe, 50 fr.

Les Compagnies de l'Ouest et d'Orléans délivrent depuis le 15 août 1892, aux prix très réduits de 65 francs en première classe et 50 francs en deuxième classe, des billets circulaires valables 30 jours, comprenant le tour de la presqu'île bretonne, savoir : Rennes, Saint-Malo, Dinard, Saint-Brieuc, Lannion, Morlaix, Roscoff, Brest, Quimper, Douarnenez, Pont-l'Abbé, Concarneau, Lorient, Auvray, Quiberon, Vannes, Savenay, Le Croisio, Guérande, Saint-Nazaire, Pont-Château, Redon et Rennes.

Ces billets pourront être prolongés trois fois d'une période de 10 jours, moyennant le payement, pour chaque prolongation, d'un supplément de 10 o/o du prix primitif.

Le voyageur partant d'un point quelconque des réseaux de l'Ouest et d'Orléans pour aller rejoindre cet itinéraire, peut obtenir, sur demande faite à la gare de départ, quatre jours au moins à l'avance, en même temps que son billet d'excursion, un billet de parcours complémentaire comportant une réduction de 40 o/o, sous condition d'un parcours minimum de 150 kilomètres ou payant comme pour 150 kilomètres.

La même réduction lui est accordée après l'accomplissement du voyage circulaire, soit pour revenir à son point de départ initial, soit pour se rendre sur tel autre point des deux réseaux qu'il a choisi.

CHEMINS DE FER DE PARIS A LYON ET A LA MÉDITERRANÉE

Grandes Fêtes à Rome à l'occasion du Jubilé épiscopal du Pape.

BILLETS D'ALLER ET RETOUR DE 1re, 2e ET 3e CLASSES, A PRIX RÉDUITS

POUR ROME

Valables pendant 60 jours.

Délivrés dans toutes les gares du réseau sur demande adressée 3 jours au moins à l'avance.

1° Aller et retour par le Mont-Cenis. — Itinéraire : Modane, Turin, Gênes, Pise et retour par la même voie ;

2° Aller et retour par la Corniche. — Itinéraire : Vintimille, San-Remo, Gênes, Pise et retour par la même voie ;

3° Aller par le Mont-Cenis et retour par la Corniche ou réciproquement. — Itinéraire : Modane, Turin, Gênes, Pise, Rome, Pise, Gênes, Vintimille ou vice-versa.

Prix des billets :

Les prix des billets seront ceux fixés par le tarif spécial des billets d'aller et retour ordinaires pour les parcours P.-L.-M. et ceux indiqués ci-après pour les parcours italiens, selon l'itinéraire choisi :

1° Pour les aller et retour viâ Mont-Cenis : 1re classe, 122 fr. 75 ; 2e classe, 85 fr. 70 ; 3e classe, 52 fr 80.

2° Pour les aller et retour par la Corniche : 1re classe, 103 francs ; 2e classe, 72 francs ; 3e classe 44 francs

3° Pour les aller par le Mont-Cenis et retour par la Corniche : 1re classe, 112 fr. 90 ; 2e classe, 78 fr. 90 ; 3e classe, 48 fr. 50.

Franchise de 30 kilos de bagages sur les parcours français ; aucune franchise de bagages sur les parcours italiens.

Billets valables pour tous les trains comportant des voitures de même classe, dans les mêmes conditions que les billets à plein tarif.

Arrêts facultatifs sur le réseau P.-L.-M. Trois arrêts au choix du voyageur en Italie, tant à l'aller qu'au retour.

CHEMIN DE FER DU NORD

Paris-Londres

Cinq services rapides quotidiens dans chaque sens. Trajet en 7 h. 1/2 — Traversée en 1 h. 1/4.

Tous les trains, sauf le club-train, comportent des 2e classes.

En outre, les trains de malle de nuit partant pour Londres à 8 h. 25 du soir et de Londres pour Paris à 8 h. 15 du soir prennent les voyageurs munis de billets de 3e classe.

Départs de Paris.

Via Calais-Douvres : 8 h., 11 h. 30 du matin, 3 h. 15 (club-train), 8 h. 25 soir.

Via Boulogne-Folkestone : 10 h. 20 du matin.

Départs de Londres.

Via Douvres-Calais : 8 h., 11 h. du matin, 3 h. (club-train) et 8 h. 15 soir.

Via Folkestone-Boulogne : 10 h. du matin.

Les voyageurs munis de billets de 1re classe sont admis, sans supplément, dans la voiture de 1re classe ajoutée au club-train entre Paris et Calais.

De Calais à Londres, supplément de 12 fr. 50.

INSERTIONS GRATUITES

Pour les Abonnés et pour les Ingénieurs de l'École Centrale et des Écoles d'Arts et Métiers — Pour les Employés et Ouvriers de Forges, Fonderies et Hauts-Fourneaux — Pour les Employés des Maisons de Quincaillerie et de Fers

Nous prions ceux de nos abonnés qui nous demandent des renseignements de joindre toujours un timbre pour la réponse, sans quoi il ne serait pas donné suite à leur demande.

Spécialité de roues en fonte d'acier recuite et en fonte d'acier Martin de première qualité garantie.

F. MARTI
Winterthour (Suisse).

Societé du véritable Emeri de Naxos

NAXOS-UNION

à Francfort-sur-Mein (Allemagne)

Spécialités: Meules en Corindon Emeri pour travailler les outils et tous les métaux à sec et avec de l'eau, de composition élastique fort résistante.

Machines à meules en Emeri en plus de 100 modèles différents.

CHEMIN DE FER DE PARIS A LYON ET A LA MÉDITERRANÉE

Méditerranée-Express, train de luxe trihebdomadaire entre Paris (gare du Nord), Nice et Vintimille et vice-versâ.

Trois fois par semaine, les mercredi (nuit du mardi au mercredi), vendredi et dimanche, (nuit du samedi au dimanche), à minuit 15 part de la gare de Paris-Nord, pour Nice et Vintimille un train dénommé : « Méditerranée-Express », composé de wagons-lits, sleeping-cars et d'un wagons-restaurant.

La traversée de Paris, du réseau P.-L -M., ou vice versâ, a lieu par le chemin de fer de Petite-Ceinture.

Le Méditerranée-Express arrive le même jour à Cannes à 7 h. 11 soir, à Nice a 7 h. 46, à Monaco à 8 h. 47 et à Vintimille à 9 h. 7.

Au retour, ce train part de Vintimille les lundi, jeudi et samedi à 4 h. 53 du soir, de Menton à 5 h. 16, de Monaco à 5 h. 40, de Nice à 6 h. 08, de Cannes à 6 h. 59, pour arriver à Paris (Nord) le lendemain à 2 h 30 soir.

Il prend à et pour tous ses points d'arrêt les voyageurs en destination ou en provenance de Paris (gare du Nord). Il prend également des voyageurs à chacun de ses points d'arrêt pour les autres, à la seule condition qu'il y ait des places disponibles au passage.

On peut se procurer des billets : à Paris, à la gare du Nord et à l'agence des Wagons-lits, 1, quai Masséna; enfin à toutes les gares où ce train prend des voyageurs. Le nombre des places est limité.

LE FER

REVUE METALLURGIQUE

ABONNEMENTS

FRANCE : Un an................... 12 fr

ÉTRANGER. Port en sus.

ANNONCES

Envoi du tarif sur demande adressée à
M. DELYON Propriétaire-Gérant.

ADMINISTRATION

L'Administration du Journal répond directement à toute lettre qui lui est adressée affranchie, munie d'un timbre poste ou de la bande d'abonnement, faute de ces deux formalités, elle répond par la voie du journal

Les demandes, envois et communications doivent être adressés à M. DELYON Propriétaire-Gérant 48, rue de Maubeuge.

Ceux de nos abonnés, dont l'abonnement est expiré et qui ne désirent pas continuer leur abonnement, sont priés de vouloir bien refuser le journal au facteur, en écrivant sur la bande le mot REFUSÉ.

A défaut de cette mention, nous les considérons comme réabonnés, et à ceux qui ne nous auront pas envoyé de mandat avant la fin du présent mois nous ferons présenter une traite postale, du 1ᵉʳ au 10 du mois prochain.

SOMMAIRE

Marché du fer. — Charbons. — Bulletin des métaux — Assemblées générales. — Chronique industrielle — Partie financière. — Adjudications. — Annonces

MARCHÉ DU FER
ET DE SES DÉRIVÉS

Paris

Il n'y a plus de doute à émettre sur l'importance que va prendre la demande durant la campagne qui commence.

Le placement immobilier devient presque une nécessité de la situation politique et financière actuelle ; aussi on ne saurait se faire idée de la demande qui règne sur les terrains non construits, jusque dans les quartiers les plus excentriques et voire même dans la région ouest au delà des fortifications.

Si les marchands de fer ne savent pas profiter de cette situation pour arriver au relèvement des cours à la consommation, ils seront vraiment bien coupables, car tout est en leur faveur. En effet, malgré la tendance de plus en plus évidente de la part des forges à vendre directement à la consommation, cette concurrence n'est pas beaucoup à craindre maintenant, toutes ayant suffisamment de besogne et ne courant plus après les commandes.

Espérons que cette situation va permettre aux marchands de la place de maintenir les cours de vente à la consommation à 15 fr. 50 les fers marchands et et 16 fr. 50 les planchers.

Cependant on nous signale une vente importante que viendrait de faire une forge de l'Est située à proximité de la frontière belge, à un constructeur de notre région, à un prix qui serait de 14 fr. rendu sur wagon à la gare du constructeur. Ce prix ne serait pas encore trop bon marché s'il ne s'agissait de fers à réception et destinés à une Compagnie de chemins de fer. On peut assurer que cette affaire a été traitée à 1 fr. les 0/0 kilos au-dessous des prix de tout autre concurrent.

Nord

Les affaires ont un courant satisfaisant et même fort animé en ce moment. Toutes les forges sont déjà largement pourvues et, comme la température dont on jouit a fait avancer les travaux, il arrive journellement des demandes généralement pressées; les usines ont de la peine à se tenir au courant et ne peuvent livrer au gré des acheteurs.

On remarque beaucoup d'expéditions pour Paris, ce qui dénote un certain nombre de transactions avec les marchands de cette place. Il n'y a peut-être pas un grand nombre de marchés de longue haleine; les acheteurs les ont évités et n'ont traité que pour les besoins de trois mois : c'est le commencement de la reprise des contrats habituels. Ce n'est pas que le commerce parisien ait cessé de bouder : on le voit au contraire encourager la concurrence que peuvent opposer des forges d'autres groupes. La reprise qui se produit un peu partout ramènera une situation plus normale en maintenant les producteurs dans leur rayon de vente naturel.

Nos aciéries sont aussi favorisées que les forges. Ce n'est pas du reste un changement pour elles, car le travail n'a pas cessé d'être abondant depuis longtemps et les prix n'ont jamais baissé pour les produits en acier comme pour ceux en fer.

La bonne situation qui règne aujourd'hui rend facile le maintien des prix basés sur le fer n° 2 à 14 fr. les 100 kil. en forge.

(L'Ancre.)

Ardennes

On lit dans le Journal L'ancre de *St-Dizier* :

Diverses commandes ou adjudications sont venues rendre quelque activité dans nos principaux établissements de ferronnerie et de ferrures. Ceux-ci auraient par conséquent tort de prolonger plus longtemps l'avilissement des prix que ne comportent ni les cours de la matière première et encore moins les taux de la main-d'œuvre.

L'adjudication de l'Etat, qui a soulevé un tolle général d'ébahissement comme conditions, qui donnera tout au moins quelque peu de travail en ferrures, vient d'être suivie d'une adjudication de lits en fer pour l'administration de la Guerre. Cette adjudication favorise MM. Soret et Cie : il s'agit de 4.000 sommiers soumissionnés par cette firme au prix de 9 99.

En boulonnerie, on cite des adjudications assez importantes de tendeurs faites ou en vue.

Dans ces conditions, la baisse pourrait être enrayée par nos usines de ferronnerie.

Tout à l'heure nous parlions de main-d'œuvre. A ce propos, nous enregistrons avec satisfaction la cassation du trop fameux arrêt qui permettait aux syndicats de jouer le rôle draconien que chacun sait: nous voici retombés aujourd'hui dans la saine tradition de la liberté du travail pour chacun, avec réparation du préjudice causé par toute atteinte à cette liberté. Il est stupéfiant qu'il ait fallu épuiser toutes les juridictions pour en revenir à ce principe élémentaire, pierre angulaire de l'édifice social et économique d'aujourd'hui.

Loire et Midi.

On nous écrit de Saint-Etienne :

Les prix des fers restent stationnaires quoique les marchés soient assez actifs. Ceux des aciers sont un peu plus favorisés grâce aux commandes de la marine et des chemins de fer.

C'est, croyons-nous, vers fin courant que les chemins de fer du Nord donneront diverses commandes. L'ordre du jour pour l'assemblée générale du 20 avril porte le vote de crédits nécessaires pour dépenses complémentaires de premier établissement pour les différentes nouvelles lignes de la compagnie, et l'autorisation de conclure plusieurs traités pour la concession de ces nouvelles lignes. Les autres compagnies sont à peu près toutes dans le même cas.

Les nouveaux ateliers de la manufacture française d'armes des Champs Elysées (Munard et Blachon) exigeront 400 tonnes environ de fers pour charpente qui seront fournies en grande partie par les usines de l'Horme.

Le conseil municipal de Saint-Etienne vient d'accorder à M. Favre la concession des tramways Sud-Est de Saint-Etienne à établir sur les voies urbaines sur une longueur de 8,400 mètres. Le conseil municipal a manifesté le désir que le matériel soit fourni autant que possible par les usines de la région. Il est probable que les travaux commenceront bientôt.

La Compagnie centrale d'électricité de Lyon vient d'obtenir la concession d'éclairage électrique de Renaison (Loire). La station sera mise en marche sous peu.

Nos usines métallurgiques sont assez bien pourvues de commandes, notamment les aciéries de Saint-Etienne, qui en ont reçu d'importantes ces jours-ci. Une grande activité règne dans cet établissement ainsi qu'aux aciéries de Firminy.

On nous annonce la mort de M. Simons,

vice-président de la Société des Forges et Chantiers de la Méditerranée.

Il était le gendre de M. Béhic, ancien ministre des travaux publics sous l'Empire.

Haute-Marne

Nous n'avons rien de particulier à enregistrer concernant notre groupe. Une bonne animation règne dans la demande et naturellement dans le travail. Cette semaine, il est vrai, les ordres sont venus moins suivis, mais il faut tenir compte qu'ils ont été très abondants depuis trois semaines, surtout dans les forges, où on est surmené pour satisfaire aux pressantes réclamations. Tout le monde veut être livré à la fois.

Il est facile de tenir ferme la cote des fers à son prix de base de 145 à 147 50, classes mélangées. Les petits lots sont même facturés à 150 fr., cours qui pourra bien s'affirmer d'une façon générale.

Nous n'avons toujours rien à dire de la verge de tréfilerie. Son prix est appelé à rester encore longtemps sans changement ; nous ne voyons pas ce qui en amènerait. Les marchés sont faits avec la clientèle ; les prix des aciers bruts se maintiennent ; les produits fabriqués ne se relèvent pas. Il n'y a donc aucun élément pour faire sortir du *statu quo*.

C'est même curieux de considérer la situation des fils, des ronces et des grillages, de la pointe et de la chaîne, dérivés directs de la machine. Tous ces articles se vendent sans bénéfice, et certains en perte ; nous le disons depuis des mois sans que nous apercevions des tentatives sérieuses de réaction : il faudra cependant bien y arriver.

La fonderie continue à montrer de l'entrain dans toutes les divisions du travail. La mécanique est surtout en vive demande. On fait beaucoup de pièces spéciales pour appareils de distillation. Le tuyau se vend très couramment, celui de descente aussi bien que celui de conduite. L'ornement bat son plein et malgré cela reste à prix réduit. C'est encore à Paris que l'article est le plus gâché.

Meurthe-et-Moselle

L'état du marché se soutient dans de bonnes conditions. Les expéditions mensuelles du comptoir de Longwy vont en croissant, ce qui accentue la fermeté.

La Société métallurgique de l'Est, de Longwy-Haut, a réussi en peu de temps à placer la production probable d'une année. On assure d'ailleurs que le comptoir s'est assuré un fort lot de fontes de cette Société.

La « Société lorraine industrielle », qui possède des hauts fourneaux à Hussigny, vient de commencer, il y une quinzaine environ, des travaux de sondage à la recherche du minerai de fer sur le ban de Crusnes, entre cette localité et Aumetz.

Dans le centre minier de Ludres, les fêtes de Pâques ont été troublée par des rixes entre ouvriers français et étrangers. Nous n'en avions pas parlé. En suite de récits inexacts et exagérés, un correspondant nous envoie des détails aussi exacts que possible, empruntés en grande partie à la presse locale ; on les trouvera plus loin.

Ces forges montrent une très grande activité et ont beaucoup de demandes inscrites. Le prix de base reste autour de 14 50.

Belgique

Le marché métallurgique se trouve dans une situation meilleure par suite de l'arrivée de commandes plus nombreuses aux laminoirs.

L'entente des métallurgistes, tant constructeurs que lamineurs, s'affaiblit de plus en plus et certes on conviendra que ce n'est pas le moyen de relever la situation. Le syndicat des tôles ne paraît pas mieux tenu que celui des fers et voilà que celui des constructeurs menace de s'effondrer également. Telle est du moins la nouvelle que le *Journal de Liège* nous donne dans les termes suivants :

Syndicat des ateliers de construction. — La Société Dyle-Bacalan a pris l'initiative de dénoncer le contrat qui réunissait en syndicat les constructeurs de matériel de chemin de fer. Ce sera donc à cette date que les divers intéressés reprendront leur liberté. Il sera intéressant de constater la lutte qut s'établira entre ces associés de la veille lors de la première adjudication du matériel de chemin de fer. Ce syndicat expirait le 30 juin prochain. C'est alors que l'on pourra juger de l'intensité du struggle for life.

Angleterre

Nord et Cleveland. — Les usines à fers finis ne sont occupées que fort irrégulièrement. Du reste la production ne sera probablement plus jamais aussi forte parce que l'acier remplace le fer dans de grandes proportions.

Les prix des meilleures sortes de fers manufacturés sont comme ci-dessous : Barres ordinaires 5 liv. st. 0 0, barres best 5 liv. st. 10 s., tôles pour navires 4 liv. st. 15 s., tôles pour chaudières 5 liv. st. 15 s., tôles pour réservoirs 5 liv. st. 0,0, cornières pour navires 4 liv. st. 12 s. 6 d., cornières pour constructions mécaniques 4 liv. st. 16 s. 6 d.

Quoiqu'elle ne soit pas autant affectée par la dépression que l'industrie des fers finis, l'industrie des aciers ne se trouve pas dans une situation beaucoup meilleures ; les prix sont bas et généralement peu profitables et il n'y pas abondance d'occupation pour les producteurs, même parmi les fabricants de tôles.

Nord de Stafforsdshire. — Le printemps reste sans influence sur les affaires et les ordres n'arrivent pas moins lentement. Les ordres en mains sont conduits d'une manière constante vers leur achèvement et dans quelques laminoirs les opérations ont commencé cette semaine un jour plus tôt. Les fers en barres pour consommation à l'intérieur du pays quittent les usines en fortes quantités à 6 L 5 sh. par tonne, tandis que la qualité meilleure vaut 7, L. 0,0. En ce moment les barres les plus communes sont offertes à 5, L. 12 s. 6 d. et 5 L. 15 s., mais les fabricants ne sont pas anxieux d'accepter beaucoup d'affaires, vu qu'ils ne peuvent réaliser aucun profit ; les salaires, le combustible et les fontes, tout coûte trop cher en comparaison de la valeur de vente des fers finis.

Sud de Staffordshire. — Le marché des fers finis se maintient dans une situation satisfaisante, c'est-à-dire pas trop bonne ni trop mauvaise. Il y a un total modéré de commandes pour les fers ordinaires en barres à 5,15 liv. st. et on demande de promptes livraisons. En barres marchandes il y a peu d'achats cette semaine : on active les anciennes commandes et les producteurs ne veulent pas prendre des renouvellements à moins de 6,10 liv. st. par tonne.

Les ordres en tôles minces de calibre simple sont offerts en dessous de 7,0,0 liv. st. Les tôles et les feuillards jouissent d'une bonne vente pour l'intérieur du pays. Parmi les consommateurs de tôles épaisses se trouvent les constructeurs de ponts qui ont reçu quelques fortes commandes et qui auront besoin de quantités considérables de matériaux.

Les aciers font l'objet d'assez bonnes propositions et les laminoirs marchent à plein train. On signale des opérations régulières en grosses tôles, barres de fortes dimensions et tôles à repousser.

Allemagne

Avec les ordres du printemps les affaires reprennent de l'activité. Le marché des fers finis notamment est plus actif en ce qui concerne les poutrelles qui sont en baisse de 5 marks par tonne.

Les tôles fines font l'objet d'une demande active, mais les grosses tôles restent calmes.

Le marché de la tréfilerie se relève.

Les fabricants d'acier se plaignent toujours d'une insuffisance de commandes surtout pour le matériel de chemin fer ; mais les blooms, les massiaux et les billettes sont bien recherchés quoique le prix en soit toujours réduit.

Les mécaniciens, les constructeurs de chaudières et les fabricants de matériel roulant sont mieux occupés. On cote :

Les fers en barres 122 50 M., les fers fins grains 125 00 à 135 00 M., les fer cornières 127 50 à 130 00 M., les poutrelles 87 50 à 95 00. Les tôles pour chaudiè-ret 150 00 M., les tôles pour réservoirs 180 00 M.

BULLETIN DES MÉTAUX

ÉTAIN

Malgré l'augmentation des stocks, les Détroits sont en hausse de de 10 sh. environ à Londres grâce à la fermeté de l'argent. Ils clôturent à 94 2 6 liv. st. au comptant et 91 5 liv. st. à trois mois. L'étain anglais est également plus ferme, les lingots ordinaires à 97 liv. st. les barres à 98 liv. st. et les lingots raffinés à 99 liv. st. L'Australien comptant s'obtient de 94 5 à 94 15 liv. st.

A Paris le Banca a baissé de 1 25 fr. à 253 75 fr. Les autres produits perdent 2 50 fr. : Billiton, 245 fr. ; Détroits, 245 fr.; étain anglais, 247 50 fr. — A Marseille les cours sont stationnaires : Banca, 260 fr. ; Détroits, 240 fr.; Billiton 240 fr.; étain en verges, 255 fr. — Nous retrouvons à Hambourg le Banca et l'étain anglais en blocs à 103 M., l'étain anglais raffiné à 104 M. les 50 kil. — A Amsterdam le marché a débuté faible ; il y a eu de nombreuses offres de vente en Banca et Billiton disponibles à des prix en baisse de 3/8 à 1/2 fl. Après plusieurs tentatives d'amélioration la clôture est faible : Banca disponible, 56 1/8 fl. ; livraison juillet, 54 3/8 fl. ; Billiton disponible, 56 fl.; livraison juillet, 53 7/8 fl. ; Détroits disponible, 56 3/8 fl livraison juillet 54 1/4 fl. — New-York est ferme à 20 65 cents.

PLOMB

Le métal a bénéficié d'une légère demande à Londres. La cote est soutenue, mais jusqu'ici sans changement : plomb d'Espagne, 9-15 liv. st.; plomb anglais, 9-17-6 liv. st. — Il en est de même à Paris, où les marques ordinaires livrables au Havre ou à Rouen se maintiennent à 25 fr. et celles livrables à Paris à 25 75. — A Marseille la tendance est indécise : plomb doux de première fusion, 24 75 à 25 fr. ; plomb doux de seconde fusion, 24 fr., plomb antimonieux, 28 fr. ; laminés et tuyaux, 30 fr.; grenailles, 34 fr.; vieux plomb, 20 à 21 fr. — A Hambourg les prix restent fixés comme suit : plomb anglais en saumons, 11-80 M.; plomb allemand en rouleaux, 12-30 M.; plomb allemand en saumons, 11-80 M.; plomb d'Espagne, 14 M. les 50 kil. — New-York est très ferme à 4·05 cents.

ZINC

Nous donnons ci-dessous, d'après la statistique annuelle dressée par MM. Henry R. Merton et Cⁱᵉ, de Londres, les chiffres de la production de zinc en Europe et aux Etats-Unis pendant ces douze dernières années :

Années.	Europe.	Etats-Unis.	Totaux.
		Tonnes	
1881	230.088	30.000	260.088
1882	242.769	30.147	272.916
1883	247.628	32 921	280.549
1884	260.290	34.415	294 705
1885	259.152	36.321	295.473
1886	255.830	38.072	293.902
1887	256.655	45.530	302.185
1888	268.305	50.000	318.305
1889	277.248	52.919	330.167
1890	283.245	59 851	343.096
1891	284.745	71.756	356.501
1892	287.607	77.050	365.257

Prix moyen à Londres	Importations en Angleterre.
Liv. st.	Tonnes
16 5 6	46.198
16 19 9	42.001
15 6 6	40.787
14 8 9	47.647
14	60 229
15 4	56.187
18 1 6	61.045
19 6 2	56.842
23 5	56.205
23 4 6	58.483
20 16 6	52.793

La production de 1892 en Europe se décompose comme suit : Rhin et Belgique, 143,505 T.; Silésie, 87,760 T.; Grande-Bretagne, 28,590 T.; France et Espagne, 18,402 T.; Pologne, 4,270 T.; Autriche, 5,020 T.

L'article est peu recherché par la consommation à Londres. Le laminé de Silésie gagne 2 sh. 6 d. au prix de 20 12 6 liv. st. Les marques ordinaires et spéciales n'ont pas changé à 17 15 et 17 17 6 liv. st. respectivement. — Le zinc de Silésie livrable au Havre cote à Paris, 47 25, les autres bonnes marques livrables au Havre 46 75 et les autres bonnes marques livrables à Paris 47 25. — A Marseille les cours restent les mêmes que la semaine dernière : zinc en plaques de Silésie, 48 50 ; zinc en plaques refondu, 42 à 43 fr; zinc en feuilles de la Vieille-Montagne, 61 fr ; vieux zinc, 33 à 34 fr. — A Hambourg le zinc de Silésie disponible se traite de 21 50 à 22 M. celui à livrer de 19 à 19 50 M ; le laminé de Silésie et le zinc de la Vieille-Montagne, celui-ci douane comprise, de 22 à 23 M. les 50 kil. — New-York se soutient à 4 35 cents.

FER-BLANC

Le commerce d'exportation en fer-blanc reste très actif en Angleterre, mais les cours ont légèrement baissé : fer-blanc au bois 1ʳᵉ qualité, 0,15,0 à 0,16,0 liv. st.; qualité ordinaire, 0,13,0 à 0,14,0 liv. st. ; au coke 1ʳᵉ qualité, 0,12,6 à 0,13,0 liv. st.; qualité ordinaire, 0,11,9 liv. st.

Les affrètements au port de Swansea ont atteint la semaine dernière 107,817 caisses et les arrivages des usines 119,148 caisses. Les stocks s'élèvent actuellement à 226,564 caisses, contre 252,332 caisses il y a un an.

MERCURE

Le marché de Londres est sans affaires. Les premières mains sont invariables à 6,10 liv. st., mais les marques secondaires s'obtiennent plus facilement de 6,8,6 à 6.9 liv. st. — A Hambourg la bouteille vaut de 132 à 135 M.

CHARBONS

France

Le marché charbonnier reste sans changement bien important. Les affaires reçoivent une nouvelle impulsion par suite du renouvellement de quelques marchés.

Les mines de Bruay cotent :

Tout venant au trait, 16 fr. ; tout-venant industriel 15 m., 15 fr. ; fines à 0 04, 12 fr : fines à 0 02, 11 fr.; criblés 0,04,21 fr. ; à 0,02,19 fr.

Les mines de Marles vendent :

Tout-venant au trait, 16 fr.; tout-venant industriel, 15 fr. ; fines à 0,04, 21 fr.; criblés 0,02, 19 fr.

Ces prix s'entendent pour Paris, la Seine, départements circonvoisins et sont susceptibles d'une diminution de 1 fr. pour marchés d'au moins 3,000 tonnes, en ce qui concerne ces deux mines.

Les conditions de paiement sont à 30 jours et 2 0/0 d'escompte.

Dans la Loire, la demande a beaucoup diminué, naturellement, pour le combustible domestique depuis les chaleurs de ces jours derniers, mais en revanche le charbon industriel conserve un fort écoulement.

Roche-la-Molière et Firminy cote actuellement ses charbons du puits Dolomieu de la façon suivante, selon classement : Menu sortant 1re qualité 25 a 30 0/0 de grêles 19 fr.; deuxième 15 à 20 12 50; améliorés 25, 17 50 ; Malbrough 50, 18 50; Pérats 28 fr.

On lit dans la *Métallurgie du Nord* :

Belgique

L'adjudication de charbons du 4 courant pour les besoins du chemin de fer de l'Etat s'est passée dans des conditions très sérieuses, et qui nous paraissent satisfaisantes pour les deux parties en présence. L'Etat ne trouvait pas que les charbonniers lui eussent fait payer son combustible trop cher dans les deux ou trois adjudications précédentes. Il continuera à le recevoir aux mêmes prix. De leur côté, les producteurs ont évité avec le plus grand soin de tomber dans des écarts de hausse ou de baisse comme on en constatait habituellement dans des opérations semblables. La modération et la sagesse ont guidé les charbonniers de nos divers bassins et nous les en félicitons. Nous sommes persuadé que l'honorable ministre des chemins de fer saura leur rendre la même justice que nous.

Comme ils en ont pris l'habitude depuis quelques années, les producteurs de 1/2 gras, du moins dans le Hainaut, ont laissé la part belle aux maigres et aux mélangés. Ils ont cent fois raison d'en agir ainsi, puisque les chemin de fer de l'Etat belge sont en mesure d'utiliser avantageusement les combustibles de seconde qualité. C'est un bon débouché pour nos charbons maigres. Le consommateur y trouve son compte et le producteur aussi, de sorte que tout le monde est content.

Les charbons 1/2 gras ont une clientèle acquise qui ne les abandonnera pas tant que l'écart de prix avec les charbons composés, restera ce qu'il est actnellement. Or, les 1/2 gras abandonnant la plus grande place aux autres qualités dans les fournitures au chemin de fer de l'Etat, ces dernières pourront rester plus fermes désormais, ce qui permettra aux 1/2 gras de marquer un point de plus.

Nous ne mettons pas en doute l'approbation, par M. le ministre des chemins de fer, de l'adjudication du 4 avril. Il en résultera que les deux tiers environ de la production des charbonnages extrayant des maigres, sera engagée, en ajoutant aux quantités qu'ils ont soumissionnées, celles qu'ils ont déjà traitées dans les premiers marchés passés avec les fabricants de briques et chaux. Il leur est donc très facile d'obtenir bon prix pour le faible disponible qu'il leur restera à placer, et c'est pourquoi ils ont raison de relever leur prix minimum. On doit trouver très rationnel que ce dernier prix remonte de cinquante centimes ou de un franc. Telle est bien, du reste, la ferme intention des producteurs.

Allemagne

La situation du marché charbonnier s'est un peu affaiblie depuis une semaine ; la température printanière fait sentir son influence sur les qualités pour consommation domestique. La vente des fines est devenue aussi un peu faible et laisse beaucoup à désirer. Dans les ports du Rhin les fines lavées ont été déjà offertes à des prix extraordinairement réduits, notamment dans les transactions de seconde main. On assure qu'actuellement il y a déjà des pourparlers avec les acheteurs belges pour le renouvellement de leurs marchés qui ont expiré fin mars ; il en résultera sans doute quelques affaires satisfaisantes.

Les opérations du syndicat des charbons de la Wesphalie rhénane ne sont provisoirement que des travaux d'organisation. Il faudra encore quelque temps avant qu'il ne soit en état de conclure par lui-même des affaires et de prendre en main la vente de l'immense production de charbons.

Les affaires d'exportation se sont également fort ralenties comparativement à l'animation dont elles jouissaient encore il y a peu de temps. Les cours du frêt sont en baisse par suite du manque d'occupation des navires. Nous n'avons rien de nouveau à signaler dans le marché du coke.

Angleterre

Pendant la semaine passée les chargements de charbons de Cardiff se sont élevés à environ 200,000 tonnes. La demandé des qualités pour vapeur s'est légèrement améliorée et le travail aux charbonnages a été assez régulier. Cependant la production est toujours plus forte que la demande et quelques vendeurs éprouvent des difficultés considérables pour se défaire de leurs approvisionnements.

Les prix pour chargements à bref délai sont cotés fermes et les perspectives font prévoir une période d'activité pendant au moins un mois. Le charbon menu fait l'objet d'une bonne demande, et la quantité de produits agglomérés de houille a été considérablement au-dessus de la moyenne.

Les prix en cours sont les suivants : Meilleures qualités pour vapeur 9 sh. 3 d. 9 sh. 6 d., secondes qualités 9 sh., Best Monmousthshire 8 sh. 9 d. à 9 sh. qualités inférieures 8 sh. 3 d. à 8 sh. 6 d. menu 4 sh. 3 d. à 4 sh. 6 d. et produits agglomérés de houille 9 sh. 3 d. à 9 sh. 6 d. par tonne.

Le marché des charbons pour foyers domestiques continue de fléchir et les vendeurs prévoyent une nouvelle baisse des prix. Les meilleurs charbons pour foyers domestiques se vendent de 10 sh. 6 d. à 11 sh., le n° 3 Rhondda fait l'objet d'une demande modérée de 10 sh. à 10 sh. 6 d. et le n° 2 gros est coté de 7 sh. 6 d. à 8 sh. par tonne.

Le marché des cokes est meilleur cette semaine et on a inscrit quelques bonnes commandes. Les prix sont : coke spécial pour fonderies 20 sh. 6 d. ordinaire pour fonderies 17 sh. à 17 sh. 6 d. et coke pour hauts-fourneaux 15 sh. 6 d. à 16 sh. par tonne.

FONTES

Belgique

Les nouvelles que nous recevons représentent le marché dans une bonne situation et constatent une fermeté soutenue dans les cours.

MARCHÉ D'ANVERS

(Correspondance spéciale)

N° 3, moulage	Fr.	5 10
N° 4, fonderie	—	5 05
N° 4, forges	—	5 00
Truitées	—	4 95
Blanches	—	4 90

Allemagne

Comme les semaines précédentes le marché des fontes a été très animé et une plus grande fermeté s'est manifestée dans les prix.

La fonte d'affinage est en hausse de 2 marks à la tonne et il y a aussi une meilleure demande pour les autres sortes de fer brut, ce qui tend à raffermir les prix.

La fonte d'affinage n° 1 se traite de M. 47 00 à 48 00, le n° 3 à 42 00 M. Le moulage n° 1 62 00 M., le n° 2 59 00 M. et le n° 3 55 00 M. Le Spiegeleisen (10 à 12 pour cent) vaut 51 00 M.

Angleterre

Nord et Cleveland. — Il règne une certaine animation dans le marché des fontes, a cause de grands embarquements et aussi en partie à cause des meilleurs prix qu'on donne pour les actions des Compagnies des usines à fer et acier et pour les obligations de chemins de fer.

On montre donc plus de confiance et ceux qui achètent de la fonte de Cleveland ne peuvent se tromper en ce moment, car elle est à bon compte, l'excédent de la production sur la demande disparaît, le meilleur moment de l'année arrive et les prix paraissent vouloir avancer plutôt que baisser. En outre il y a moins de concurrence entre les producteurs et les marchands, car ces derniers ne sont pas bien pourvus de fonte.

Les producteurs n'ont pas coté moins de 34 sh. 6 d. cette semaine par tonne pour prompte livraison de fob. de n° 3 Cleveland G. M. B. et beaucoup d'entr'eux ont demandé davantage, tandis que dans des cas très exceptionnels les marchands ont accepté un peu moins.

Les warrants de Middlesbrough ont été maintenus à environ 34 sh. 5 d. au comptant vendeurs et paraissent être fermes, quoiqu'il y ait eu une aussi forte augmentation de stock dans les Connal stores ce mois-ci que dans les mois précédents. Les prix des qualités inférieures de fonte Cleveland ne sont guère aussi bien maintenus que ceux du n° 3, car tandis que ce dernier numéro reçoit l'influence salutaire des meilleurs chargements, les qualités d'affinage sont effectuées d'une manière défavorable par le décroissement de la consommation. On offre le n° 4 de moulage à 33 sh. 3 d., la fonte grise à 35 sh. 3 d., la fonte truitée à 32 sh. 9 d. et la fonte blanche à 32 sh. 6 d.

CHRONIQUE INDUSTRIELLE

Un chemin de fer électrique souterrain à Bruxelles.

On annonce qu'une Société américaine, sous la présidence de M. Mullender, consul d'Amérique, à Liège, vient d'adresser au ministère, une demande de concession d'un chemin de fer électrique souterrain.

Ce nouveau tramway partirait de la gare du Nord, où il aurait une profondeur de 14 mètres, passerait sous la Bourse, les galeries Saint-Hubert, la place Royale, la porte de Namur (où la profondeur atteindrait 75 mètres), la gare du Luxembourg, la place de Louvain, l'ancien observatoire et la gare du Nord.

Le chargement et le déchargement des voyageurs, à ces différentes stations, se ferait par ascenseur.

Un nouveau métal

L'usine Krupp fabrique des canons en acier de nickel dont la composition exacte est tenue secrète. Le *Army and Navy Journal* donne les renseignements suivants sur les résultats obtenus. Deux canons de 88 millimètres, l'un en acier fondu, l'autre en acier de nickel ont été essayés avec des obus contenant 168 grammes d'acide picrique. Le canon en acier a éclaté en morceaux pesant de 110 grammes à 2 kilogrammes ; le canon en acier de nickel est resté intact, sauf un élargissement de l'âme de 7 millimètres à l'endroit où se trouvait l'obus.

Le nouveau métal a été aussi essayé avec succès pour les plaques de blindage.

Un viaduc monstre

On vient de construire aux Etats-Unis, pour franchir la vallée de la rivière Pecos, que traverse dans le Texas le *Southern Pacific Railway*, un viaduc métallique de 666 mètres de longueur. La hauteur du pont, au-dessus de la rivière, est de 98 mètres. L'ensemble est supporté par 23 piles en acier excessivement légères. Le poids total de l'ouvrage est de 1 millions 828,000 kil. Il a été exécuté en trois mois et demi à peine, avec un personnel de 67 ouvriers,

Nous donnons ci dessous le tableau des hauts fourneaux existants, à feu et hors feu dans les districts de Longwy et de Nancy à la date du 1er avril 1893. Il n'y a de changements, par rapport à la date du 1er janvier, que la mise à feu d'un nouveau haut fourneau par la Société métallurgique de l'Est, qui produit par vingt-quatre heures environ 70 tonnes de fonte de moulage.

Voici le tableau en question :

LONGWY

Usines	Hauts-fourneaux existant	à feu	hors feu	Affinage	Moulage	Acier Thomas
Société des aciéries de Longwy	7	6	1	—	1 — 80	5 — 400
Société métallurgique de Gorcy	2	2	—	1 — 50	1 — 40	—
Gustave Raty et Cie	3	3	—	1 — 90	2 — 150	—
Société metallurgique de Senelle-Maubeuge	3	2	1	—	2 — 150	—
F. de Saintignon et Cie	2	2	—	—	2 — 120	—
Ferry, Curicque et Cie	2	2	—	1 — 110	1 — 90	—
Comp. des Forges de Châtillon et Commentry	2	2	—	1 — 95	1 — 75	—
Soc. Lorraine industrielle à Hussigny	2	2	—	2 — 160	—	—
Soc. des hauts fourneaux de la Chiers	2	2	—	1 — 105	1 — 85	—
Soc. des mines de Meurthe-et-Moselle	2	2	—	1 — 95	1 — 80	—
Soc. des Forges de la Providence	3	2	1	1 — 100	1 — 85	—
Soc. métallurg. de l'Est	1	1	—	—	1 — 70	—
Totaux......	31	28	3	9 — 805	14 — 1025	5 — 400

NANCY

Usines	Hauts-fourneaux existant	à feu	hors feu	Affinage	Moulage	Acier Thomas
Soiété du Nord et et de l'Est à Jarville	5	4	1	2 — 140	—	2 — 140
Société de Vezin Aulnoye, à Pont-Fleury	2	2	—	2 — 150	—	—
Société métallurgique de Champigneulles et Neuves-Maisons	2	2	—	1 — 100	1 — 70	—
Foald-Dupont, à Pompey	2	1	1	1 — 90	—	—
Société de Montataire, à Frouard	4	2	2	2 — 120	—	—
Société anonyme des hauts fourneaux et fonderies de Pont-à-Mousson	4	4	—	—	4 — 200	—
Société Reverchon et Cº, à Champigneulles	2	—	2	—	—	—
Société métallurgique, à Liverdun	2	—	2	—	—	—
Totaux....	23	15	8	8 — 60	5 — 270	1 — 140

D'après le tableau du 1er janvier la production de fonte du premier trimestre de l'année courante a dû être à peu près la suivante :

	Longwy	Nancy	Totaux
Fonte de puddlage T.	72 450	54 000	126 450
Id. moulage.....	85 950	24 300	110 250
Id. à acier......	36 000	12 600	48 600
Totaux.... T.	194 400	90 900	285 300

Commandes de rails pour le Transsibérien

Les usines de Poutilov, de Briansk, Novorosseik, de Yotljno-Duéproosk, de Demido et de Belsk ont déjà reçu des commandes de rails pour le chemin de fer transsibérien ; la commande totale est en ce moment de 8 millions de pouds (près de 131,000 tonnes).

Moyen de reconnaître un degré donné de température des métaux

Pour être certains de couper les rails à une température toujours égale, de manière à ce qu'ils soient toujours de même longueur, après refroidissement, quelques métallurgistes allemands emploient des verres colorés au travers desquels le rail devient invisible quand il est à une température déterminée. Le sciage s'opère au moment précis où cette invisibilité est obtenue. Un rail porté au rouge est invisible au travers des verres bleu foncé ou jaune orangé.

Ce moyen s'appliquerait avec avantage pour d'autres opérations industrielles, celles de la trempe par exemple, qu'il importe beaucoup d'effectuer à température déterminée, constante, et pour lesquelles l'appréciation de l'ouvrier n'offre point une précision et une justesse suffisantes.

Renseignements Commerciaux

Formations de Sociétés

Paris. — Formation de la Soc. en nom collectif Taillandier et Boyer, serrurerie et charpentes en fer, 38, Charbonnière. — 11 ans et 4 mois, du 1er mars 93. — 120,000 fr. — 18 mars 93.

— Formation de la Société en nom collectif Quiedeville et Lamy; courtage en métaux, 55, Châteaudun. — 10 ans. — 1er mars 93.

— Formation de la Soc. en nom collectif Misboubier frères, fab. d'essieux pour voitures, 69, Chapelle. — 9 ans et 15 j. — 20,000 fr. — 15 mars 93.

— Formation de la Soc. anonyme dite Compagnie française de charbons pour l'électricité, 53, Châteaudun. — 99 ans. 670.000 fr. — 9 janv. 93.

Chaumont. — Formation de la Soc en commandite Ducret et Cie, fab. de grosse coutellerie, au Vivier. — 6 ans. — 20.000 fr. dont 1/2 en commandite. — 14 mars 93.

Tours. — Formation de la Soc. en nom collectif G. Tallibot et F. Piat, fonderie de fer, cuivre, fonte malléable, acier coulé, à St-Maurice, commune de Nazelles. — 10 ans. — 60,000 fr. — 21 mars 93.

Lyon. — Formation de la Soc. en nom collectif Berthaud et fils, construction mécanique, appareils de filature, moulinage, tissage, 132, Vendôme. — 10 ans. — 90,000 fr. — 18 mars 93.

Vervins. — Formation de la Soc. en commandite Marche fils et Cie, scierie à vapeur et bois, r. Charleville, à Hirson. — 12 ans. — 27,000 fr. dont 20,000 fr. en commandite. — 11 mars 93.

St-Ouen. — Formation de la Soc. anonyme dite Société Générale des Boîtes Métalliques (systèmes brevetés à ouverture facile), 35 bis, av. Batignolles. — 25 ans. — 200,000 fr. — 16 fév. 93.

Dissolution de Sociétés

Paris. — Dissolution. — 9 mars 93. — Société anonyme dite Hauts Fourneaux de l'Hérault, 14 Pyramides. — L. MM. Mai et Hema. — 9 mars 83.

Vervins. m Dissolution. — 1er avril 93. — Société O. Boitoux et F. Pohu, charbons et fonderie, à Flavigny-le-Petit. — — L. M. Godet. — 24 mars 93.

Liquidation judiciaire

Toulon. — Brunel et Gral, bois, à Fréjus. — 20 mars 93. — L. M. Girard.

Faillites

Paris. — Maldure et Cie, fab. de lits en fer, 10, boul. Sébastopol. — 4 avril. — S. M. Pinet.

Joigny. — Parigot Denis, bois, à Brienon. — 28 mars 1893. — S. M. Massy.

PARTIE FINANCIÈRE

La situation de notre marché financier est à peu près la même que la semaine dernière. Si la publication officielle des retraits des caisses d'épargne a été la cause d'une petite réaction sur nos rentes, ce mouvement n'a été que momentané et les cours se sont vite rétablis. Toutefois c'est un peu de baisse sur notre 3 0/0 que nous avons à constater cette semaine.

Les Bourses Etrangères sont très calmes. L'Allemagne va faire un nouvel emprunt qui portera à deux millions de marks la dette de l'Empire.

Nous cotons notre 3 0/0, 96 20 ; l'Amortissable, 96 45 ; le 4 1/2 16,80.

L'Italien est très ferme à 93 17. L'Argentine reste à 341 fr. ; le Brésilien 4 0/0 fait 70 45 ; on vient d'émettre à Londres un emprunt de 100 millions garanti par l'Etat Brésilien pour les travaux du chemin de fer Ouest de Minas.

L'Autriche 4 0/0 est à 26 65 ; et le Hongrois 4 0/0 à 96 80 , l'Unifiée Egyptienne se cote 101 90 ; la Privilégiée, 97 10 ; l'Extérieure Espagnole fait 67 43 ; ex coupon ; le Russe 4 0/0 est à 98 75 ; le 3 0/0 à 78 05 ; le Turc reste à 22 42 ; et le Portugais à 22 10 ; la Banque de France est à 3,920 fr.; le Crédit Foncier à 980 fr.; le Comptoir d'Escompte à 507 fr.; la Banque de Paris cote 678 fr.; le Crédit Lyonnais, 763 fr.; la Société Générale, 470 fr.; le Crédit Industriel, 600 fr.; la Banque d'Escompte, 142 fr.

Les Immeubles de France sont bien tenus à 493 fr.

Le Crédit Mobilier termine à 148 fr. La Banque Ottomane vaut 607 fr.

Nos chemins de fer sont toujours en grande faveur : le Lyon à 1542 fr : le Nord à 1870 fr ; l'Est à 968 fr; l'Orléans a 1587 fr: l'Ouest à 1098 fr ; le Midi à 1330 fr.

Les Chemins Autrichiens finissent à 651 fr ; les Lombards à 262 fr;; les Nord-Espagne à 182 50 fr; les Saragosse à 217 50 fr; les Andalous à 377 50 fr ; les Portugais à 72 fr.

En valeurs industrielles : le Suez toujours très recherché se négocie à 26 45 fr. Les recettes s'améliorent un peu.

La Compagnie Parisienne du Gaz est à 1396 fr., coupon détaché; les Voitures cotent 700 fr.; les Urbaines 119 fr. ; les Omnibus font 1043 fr. ; la Compagnie Transatlantique est ferme à 520 fr. ; les Moulins de Corbeil sont demandés à 690 fr.

Une nouvelle Société houillère : les charbonnages de l'Eséra, qui est appelée a un grand succès d'avenir, et dont tous les titres sont placés, vient de se constituer. On peut se procurer quelques Parts entièrement libérées à 530 fr.

ADJUDICATIONS

Adjudications prochaines

— Paris, 20 avril : Fourniture à la Direction générale des Postes et Télégraphes de : 1° 835,000 consoles diverses, 602,000 vis et 4,500 tiges, en 7 lots; 2° 75,000 manchons de raccordement pour fil de 3 $^m/_m$ et 50,000 cloches en fonte, en 1 lot ; 3° 250,000 kil. fil de fer de 3$^m/_m$, en 2 lots; 4° transformation de 100,000 kil. fil de fer vieux en fil de 3 $^m/_m$.

— Rochefort, 20 avril : Fourniture de trompes et accessoires pour la marine.

— Belfort, 24 avril : Fourniture de charbon de terre (houille à l'état naturel ou en briquettes) nécessaire aux manutentions militaires de la place de Belfort, ses forts et le fort de Giromagny, du jour de l'approbation du marché au 30 juin 1894.

— Bordeaux, 25 avril: Fourniture au sous-secrétariat d'Etat des colonies de 1,000 tonnes de charbon de terre en briquettes.

— Beaune, 26 avril : Une commission administrative se réunira à cette date à l'Hôtel-de-Ville pour recevoir les propositions des concurrents et décider de leur admission au concours ouvert pour la construction et l'installation, dans les bâtiments du moulin de la ville, et deux pompes actionnées l'une par une turbine l'autre par une machine à vapeur, pour élever les eaux de la Bouzaize dans le réservoir des Theurons.

— Madrid, 27 avril : Construction d'un pont sur l'Ebre à Tortosa. Montant des travaux 932,236 fr.

— Beauvais, 29 avril : Construction de

portes métalliques pour les écluses des dérivations de l'Oise, 240,000 fr.

— Beaune, 30 avril : Etablissement d'un réservoir pour la distribution d'eau. Fourniture des fontes 79,125 fr.

— Bourges, 3 mai : Fourniture à l'artillerie de : 1° 118,000 kil. de cuivre rouge pur en lingots, par conversion de 167,000 kil. de vieux étuis à cartouches tirés ; 2° 118,000 kil. de cuivre rouge pur en lingots, par conversion de 168,000 kil. de vieux étuis à cartouches tirés ; 3° 118,000 kil. de cuivre rouge pur en lingots, par conversion de 22,000 kil. de vieux étuis à cartouches tirés et de 143.000 kil. d'étuis neufs à cartouches écrasés.

— Versailles, 5 mai : Fourniture à l'école du génie de : manches d'outils de terrassiers et tranchants 21,320 04, pelles, bêches et dragues 29.394 70, outils en acier 111,093 80.

— Paris, 6 mai : Travaux de plomberie et fontainerie à l'hôpital Tenon, 35,665 fr.

— Anvers, 6 mai : Construction de la nouvelle écluse maritime au bassin Lefebvre, 1,983,900 fr.

— Nantes, 9 mai : Fourniture à l'établissement d'Indret de limes, faucillons limes-rabots pour cylindres.

CHEMIN DE FER DE L'OUEST
Une amélioration postale

A partir du 1er avril, les lettres à destination de l'Angleterre profiteront d'un départ supplémentaire, *moyennant simple taxe*, jusqu'à l'heure de départ du train de 8 h. 50 soir pour Dieppe et Newhaven (dernier train partant de Paris, gare Saint-Lazare, pour l'Angleterre).

Les lettres pour Londres seront distribuées dans la matinée ; les lettres à destination de la province seront réexpédiées par les courriers dont les départs suivront leur arrivée à Londres (8 h. du matin).

Heures de levées extrêmes :

8 h. 30 soir, au bureau de Paris, 18, rue d'Amsterdam.

8 h. 40 soir, aux deux boites de la salle des Pas Perdus de la gare Saint-Lazare.

Ce service fonctionnera le dimanche comme en semaine.

CHEMINS DE FER DE L'EST
entre Paris Francfort-s/Mein

La Compagnie des Chemins de fer de l'Est rappelle au public que la route de Gagny-sur-Moselle-Metz offre le trajet le plus direct pour se rendre de Paris Francfort-sur-Mein et réciproquement :

Aller. — Paris, départ à 8 h. 25 soir ; Franc-fort-sur-Mein, arrivée à 11 h. 06 matin.

Retour. — Francfort-sur-Mein, départ à 5 h. 26 soir ; Paris, arrivée à 8 h. 45 matin.

Services directs entre Paris, l'Allemagne et la Russie

Cinq express sur Cologne, trajet en 9 h. 1|2.

Départs de Paris à 8 h. 20 du matin, midi 40, 5 h. 20, 9 h. 25 et 11 h. du soir.

Départs de Cologne à 8 h. 30 du matin, 1 h. 15 et 11 h. du soir.

Quatre express sur Berlin, trajet en 19 heures.

Départs de Paris à 8 h. 20 du matin, midi 40, 9 h. 25 et 11 h. du soir.

Départs de Berlin à 1 h. 05, 9 h. 48 et 11 h. du soir.

Trois express sur Francfort-sur-Mein, trajet en 14 heures,

Départs de Paris à midi 40, 9 h. 25 et 11 h. du soir.

Départs de Francfort à 8 h. 15 du matin, 5 h. 25 et 10 h. 43 du soir.

Un express sur Saint-Pétersbourg, trajet en 90 heures.

CHEMINS DE FER DE L'OUEST

La Compagnie des Chemins de fer de l'Ouest a l'honneur de porter à la connaissance du public que, depuis le 15 septembre courant, la durée de validité des billets d'aller et retour ordinaires de grandes lignes, délivrés aux conditions de son tarif spécial G. V. n° 2, vient d'être modifiée comme suit :

Pour les parcours de....

1 à 30 kilom.		1 jour
31 à 125	—	2 jours
126 à 250	—	3 jours
251 à 400	—	4 jours
401 à 500	—	5 jours
501 à 600	—	6 jours
au-dessus de 600	—	7 jours

L'amélioration consiste dans l'abaissement de 75 à 30 kilomètres de la 1re coupure et dans l'allongement d'un jour pour les parcours supérieurs à 400 kilomètres et de deux jours pour les parcours supérieurs à 600 kilomètres.

Ces délais de validité continuent à être augmentés, le cas échéant, des dimanches et jours de fête.

CHEMINS DE FER DE L'OUEST

Abonnements sur tout le Réseau

La Compagnie des chemins de fer de l'Ouest fait délivrer, sur tout son réseau, des Cartes d'abonnement nominatives et personnelles (en 1re, 2e et 3e classe), pour 3 mois, 6 mois ou un an.

Ces cartes donnent droit à l'abonné de s'arrêter à toutes les stations comprises dans le parcours indiqué sur sa carte et de prendre tous les trains comportant des voitures de la classe pour laquelle l'abonnement a été souscrit.

Les prix sont calculés d'après la distance kilométrique parcourue.

Il est facultatif de régler le prix de l'abonnement de six mois ou d'un an, soit immédiatement, soit par payements échelonnés.

Ces abonnements partent du 1er et du 15 mai de chaque mois.

CHEMINS DE FER DE PARIS A LYON ET A LA MEDITERRANEE

EXCURSION EN CORSE
Du 3 au 26 avril 1893

La Compagnie Paris-Lyon-Méditerranée, d'accord avec la Compagnie des chemins de fer Départementaux et la Compagnie Marseillaise de Navigation à vapeur, vient d'organiser, avec le concours de l'agence des Voyages économiques, une excursion en Corse comprenant l'itinéraire suivant :

Paris, Nice, Bastia, Le Cap (Corse), Ile Rousse, Calvi,-Corte, Ajaccio, Propriano, Sartène, Bonifacio, Ajaccio, Marseille, Paris.

Prix de l'excursion complète : 1re cl. 459 fr. 20 2e cl. 408 fr. 75.

Ces prix comprennent le transport en chemins de fer, les traversées de Nice à Bastia et d'Ajaccio à Marseille, la nourriture, le logement, les voitures et omnibus pour les excursions indiquées au programme, etc., etc... et une franchise de 30 kilogrammes de bagages sur tout le parcours.

Le nombre des places est limité.

Les souscriptions sont reçues jusqu'au 30 mars 1893 inclusivement aux bureaux de l'agence des Voyages Economiques, 17, rue du faubourg Montmartre, et 10, rue Auber, à Paris.

On peut se procurer des renseignements et des prospectus détaillés : à la gare de Paris, P.-L.-M et dans les bureaux succursales de la Compagnie : rue Saint-Lazare, 88 ; rue des Petites-Ecuries, 11 ; rue de Rambuteau, 6 ; rue du Louvre, 44 ; rue de Rennes, 45 ; rue Saint-Martin, 252 ; place de la République, 3 ; rue Sainte-Anne, 6 et rue Molière, 7 ; rue Etienne-Marcel, 18 et au bureau général des billets de chemins de fer de l'Hôtel Terminus de la gare de Paris Saint-Lazare (general Ticket Office).

CHEMIN DE FER D'ORLEANS

JANVIER-AVRIL 1893

Excursions

aux stations thermales et hivernales des Pyrénées et du golfe de Gascogne : Arcachon, Biarritz, Dax, Pau, Salies-de-Béarn.

Tarif spécial G. V. N° 106 (Orléans)

Des billets d'aller et retour, avec réduction de 25 0/0 en 1re classe et de 20 0/0 en 2e et 3e classes sur les prix calculés au tarif général d'après l'itinéraire effectivement suivi, sont délivrés toute l'année, à toutes les stations du réseau de la Compagnie d'Orléans, pour les stations hivernales et thermales du réseau du Midi, et notamment pour :

Arcachon, Biarritz, Dax, Guéthary (halte), Hendaye, Pau, Saint-Jean-de-Luz Salies-de-Béarn, etc.

Durée de validité : 15 jours, non compris les jours de départ et d'arrivée.

Tout billet d'aller et retour délivré au départ d'une gare située à 500 kilomètres au moins de la station thermale ou hivernale, donne droit, pour le porteur, à un arrêt en route à l'aller comme au retour Toutefois, la durée de validité du billet ne sera pas augmentée du fait de ces arrêts.

La période de validité des billets d'aller et retour peut, sur la demande du voyageur, être prolongée deux fois de dix jours, moyennant le payement aux administrations, pour chaque fraction indivisible de 10 jours, d'un supplément de 10 0/0 du prix total du billet aller et retour.

AVIS. — La demande de ces billets doit être faite trois jours au moins avant le jour du départ.

CHEMINS DE FER DE PARIS A LYON ET A LA MÉDITERRANÉE

2° Excursion en Algérie et en Tunisie

du 11 avril au 9 mai 1893

La Compagnie P. L. M., d'accord avec les Compagnies des Chemins de fer de l'Est-algérien et de Bône Guelma ainsi qu'avec les Compagnies générale Transatlantique et de Navigation Mixte, vient d'organiser, avec le concours de l'Agence des Voyages économiques, une excursion en Algérie et en Tunisie comprenant l'itinéraire suivant.

Paris, Marseille, Alger, Mustapha, Blidah, (les Gorges de la Chiffa), Bougie, (El Chabet el Akhra). Sétif, Constantine, El Kantara, Biskra, (Oasis de Sidi-Okba), Batna, Timgad et Lambèse (Ruines Romaines), Hammam-Meskoutine, Bône, Tunis, (La Marsa, Le Bardo, Carthage), La Goulette, Marseille, Paris.

Prix des billets : 1re classe, 801 fr. 55. — 2e classe, 730 fr. 50.

Les voyageurs qui préféreront faire les traversées de Marseille à Alger et de La Goulette, à Marseille sur les bateaux de la Compagnie Générale Transatlantique auront à payer un supplément de :

94 fr. 80 en 1re classe et 81 fr. 40 en 2e classe.

Ces prix comprennent le transport en chemins de fer en France et en Algérie la nourriture, le logement, les voitures pour la visite des villes, l'entrée dans les monuments, etc , etc... et une franchise de 30 kilogrammes de bagages sur tout le parcours.

CHEMINS DE FER DE L'OUEST

Abonnements sur tout le réseau

La Compagnie des Chemins de fer de l'Ouest fait délivrer, sur tout son réseau, des cartes d'abonnement nominatives et personnelles, en 1re, 2e et 3e classe.

Ces cartes donnent droit à l'abonné de s'arrêter à toutes les stations comprises dans le parcours indiqué sur sa carte et de prendre les trains comportant des voitures de la classe pour laquelle l'abonnement a été souscrit.

Les prix sont calculés d'après la distance kilométrique parcourue

La durée de ces abonnements est de trois mois, de six mois ou d'une année.

Ces abonnements partent du 1er et 15 de chaque mois.

La Compagnie des chemins de fer de l'Ouest délivre, de Paris à toutes les gares de son réseau (grandes lignes) et vice-versa, des billets d'aller et retour à tarif réduit. La durée de validité de ces billets vient d'être modifiée comme suit : de 1 à 30 kilomètres. 1 jour ; de 31 à 125 kilomètres, 2 jours ; de 126 à 250 kilomètres, 3 jours ; de 251 à 400 kilomètres, 4 jours ; de 401 à 500 kilomètres, 5 jours ; de 501 à 600 kilomètres, 6 jours ; au-dessus de 600 kilomètres, 7 jours L'amélioration consiste dans l'abaissement de 75 à 30 kilomètres de la première coupure et dans l'allongement d'un jour pour les parcours supérieurs à 600 kilomètres. Ces délais de validité continuent à être augmentés le cas échéant, des dimanches et jours de fête.

CHEMINS DE FER DE L'EST

Voyages circulaires en Italie par les lignes de l'Est

La Compagnie des Chemins de fer de l'Est délivre toute l'année des billets pour de nombreuses combinaisons de voyages circulaires ayant principalement l'Italie pour objectif.

Au moyen de ces combinaisons, les voyageurs ont le choix entre un grand nombre d'excursions au Nord des Alpes (parcours en dehors de l'Italie) et au sud les Alpes (parcours italiens) qu'ils peuvent effectuer avec deux billets, dont l'un est valable pour les parcours français, suisses, allemands ou autrichiens, suivant l'itinéraire choisi, et l'autre pour les parcours italiens. La durée de validité pour les deux parcours, réunis est de 60 jours.

Les prix et conditions, ainsi que les différents itinéraires à emprunter figurent dans un livret spécial des voyages circulaires et excursions publié par la Compagnie des Chemins de fer de l'Est et mis à la disposition du public dans la gare de Paris et bureaux succursales.

Dives, Cabourg e Beuzeval étaient jusqu'à présent surtout accessibles par Trouville Prochainement les relations de ces plages avec Paris seront rendues plus rapides que par Trouville au moyen de la création de trains directs entre Mézidon et Beuzeval, en correspondance avec les express de la ligne de Caen ; ainsi, on pourra, le matin, partir de Beuzeval 25 minutes et de Dives-Cabourg 15 minutes plus tard qu'actuellement, tout en arrivant à la même heure à Paris (2 heures de l'après-midi). En sens inverse, en partant, le soir, par l'express de Paris à 6 h. 30, on arrivera à Dives Cabourg 15 minutes plus tôt.

En outre, le train qui correspond à Mézidon avec l'express partant de Paris à 9 h. 30 du matin aura une marche plus rapide et arrivera à Dives-Cabourg à h. 7, au lieu de 3 h. 18, et à Beuzeval à 3 h. 15 au lieu de 3 h. 37.

Trouville n'a pas été oublié dans cette amélioration du service des trains ; l'arrivée du train qui apporte les lettres et les journaux de Paris sera avancée d'une heure environ, et les baigneurs de Trouville apprécieront vivement cette avance d'une heure dans l'arrivée de leur courrier.

CHEMINS DE FER DE L'EST

Voyages circulaires par les lignes de l'Est, en Belgique, en Suisse, en Autriche et en Allemagne

La Compagnie des Chemins de fer de l'Est a organisé une série de voyages circulaires à prix réduits, qui permettent aux touristes de visiter un grand nombre de villes et de sites remarquables en Belgique : (vallée de la Meuse, grottes de Han et de Rochefort avec traversée du grand duché de Luxembourg) ; en Suisse : (Bâle, Lucerne, lac des quatre cantons, Zurich , Coire, l'Engadine, les Alpes (cols du Splugen du Bernardin et du Lukmanier), lac de Lugano, St Gothard, Bagatz, Schaffhouse, chute du Rhin, lac de Constance , en Italie : (les lacs italiens, Milan, Venise, Florence, Rome) ; en Autriche : (Vienne, Ischl, le Salzkammergut et l'Arlberg) ; en Allemagne : Munich, Nuremberg, Stuttgart, Heidelberg, Baden Baden, Francfort sur-Mein, Mayence et les bords du Rhin).

Pour les prix, conditions et itinéraires ainsi que pour la délivrance des billets et leur durée de validité consulter le livret spécial des voyages circulaires établi par la Compagnie des Chemins de fer de l'Est et mis à la disposition du public dans sa gare de Paris et les bureaux succursales.

SOCIÉTÉ ANONYME
DES
MINES ET FONDERIES DE PONTGIBAUD
Capital : 7 millions de francs

SIÈGE SOCIAL : 17, RUE DE GRAMMONT, PARIS
DÉPOT : 42 rue St-Sabin et 43 boulevard Richard-Lenoir

USINES { Mines et Fonderies à Pontgibaud et à Auzelles (Puy-de-Dôme).
Fonderies et Laminoirs à Couëron (Loire-Inférieure).

Traitement des minerais de Plomb, d'Argent et d'Or. — Tuyaux
de plomb repoussé. — Tuyaux étamés et tuyaux d'étain. — Laminage du plomb et de l'étain. — Plomb de chasse ordinaire et durci.
— Céruse, minium et mine-orange. — Litharge et dérivés. —
Fonderie de cuivre, de laiton et autres alliages du cuivre. —
Laminage, martelage et étirage du cuivre, laiton, etc. — Tréfilage
du cuivre rouge, demi-rouge, jaune, demi-jaune, etc.

MEULES EN GRÈS
Montées sur Auges en Fonte
POUR TOUTES INDUSTRIES
ROYCOURT
95bis, rue de la Roquette, Paris

LA SOCIÉTÉ ANONYME DES MÉTAUX
9, Rue Godefroy-Cavaignac, PARIS
achète à prix élevés tous les vieux métaux
AU COMPTANT

Ancienne Maison Ad. Samuel
LA CARROSSERIE INDUSTRIELLE
BUREAUX ET MAGASINS, 228, RUE DU FAUBOURG-SAINT-MARTIN, 228
MÉDAILLE D'OR — PARIS — MÉDAILLE D'ARGENT

Exposition : Invalides. — Classe 76

Exposition. Champ-de-Mars. — Classe 6

Voitures de luxe
et demi-luxe
Coupés, Mylords
Victorias, Ducs,
Omnibus de famille
d'Hôtel
et de Pension

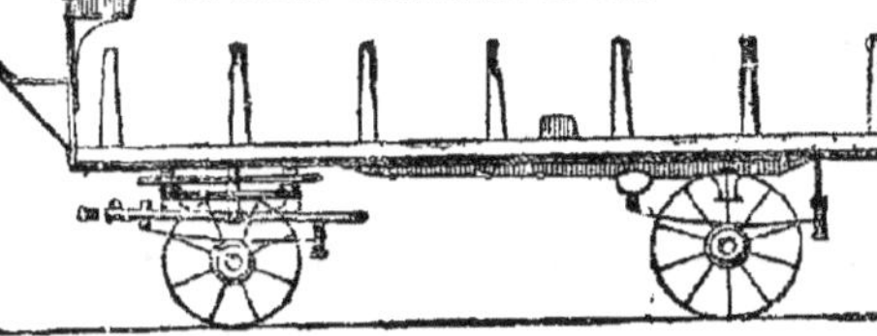

Voitures
pour le commerce
et la Publicité
Fourgons, Camions
et véhicules
pour toute nature
de transports.

USINE MODÈLE, 78, RUE CLAUDE-DECAEN, REUILLY-PARIS

RIVETS, CONTRE-RIVURES
POUR COURROIES
Tuyaux de Cuir

Exposition Universelle de 1878
MENTION HONORABLE

BOULONS ET RIVETS
POUR TÔLERIE
ET
Chaudronnerie

A. GAUTIER
FOURNISSEUR DE L'ARTILLERIE, LA MARINE ET LES CHEMINS DE FER
Fabricant de rivets et boulons fer et cuivre

USINE A VAPEUR ET MAGASINS
PARIS — 46, Rue de Sambre-et-Meuse, 46 — PARIS
RIVETS FORGÉS ET FONDUS EN CUIVRE ROUGE, GOUPILLES, CLOUTERIE DE MARINE

Dix-huitième année. — N° 17   48, Rue de Maubeuge, Paris   25 Avril 1893

LE FER

REVUE MÉTALLURGIQUE, COMMERCIALE ET FINANCIÈRE

Paraît tous les Mardis

ABONNEMENTS
ANCE : Un an............. 12 r.
ÉTRANGER : Port en sus.

ANNONCES
voi du tarif sur demande adressée à
M. DELYON, Propriétaire-Gérant.

UN NUMÉRO **70** CENTIMES

Toutes les lettres
doivent être adressées à M. DELYON,
Propriétaire-Gérant.

Les abonnements partent des 1er et 15
de chaque mois.

A. PIAT & SES FILS

PARIS   85, 87 et 94, Rue St-Maur, Paris   **SOISSONS**

Exposition 1889. — Hors concours
FOURS PORTATIFS
OSCILLANTS B. S. G. D. G.
et Cubilos-Creusets.

Demander Notice spéciale

Spécialité d'Organes de Transmissions
Installations d'Usines

RIVEUSES HYDRAULIQUES
à main et au moteur
ou mues par l'électricité
Système Delaloë-Piat
Breveté S. G. D. G.
Demander Notice spéciale.

Deux séries de Poulies à bras
paraboliques (forte et légère)
depuis 1m50 jusqu'à 2 m.

Paliers graisseurs à mèche métallique, br. s. g d. g.

CATALOGUE GÉNÉRAL Édition 1887, 510 pages. Prix. **3 fr.**

EMBRAYAGE A FRICTION
Système Delhège brevetés s. g. d. g.

Poulies et manchons universels. (Demander Notice spéc.)
Séries de poulies et tambours
en 2 pièces Système Gondin
et Théart, Brevetés s g d.g.
Rayons en fer sur moyeux en
fonte.
Transmissions par câble.

Treuils — Grues — Ponts roulants. — Machines-outils. —
Scies diverses. — Manèges,
etc.

Exposition 1889 — Membre du jury
MARTEAUX-PILONS
ATMOSPHÉRIQUES B S G D. G.

Demander Notice spéciale

COURROIES EN POIL DE CHAMEAU
FABRICATION REDDAWAY

Demandez une Courroie à l'ESSAI
ADHERENCE ET INEXTENSIBILITÉ PARFAITES

Les seules garanties à la chaleur, dans l'eau, l'huile et les acides
RÈSISTANCE SUPÉRIEURE AU CUIR TRIPLE

le « Chameau »   Éviter les nombreuses CONTREFAÇONS

F. DREVDAL - 30, Rue Amelot, 30 - PARIS

Vve TAZA-VILLAIN
FORGE ET ATELIERS DE CONSTRUCTION A ANZIN (Nord)
Directeur Gérant: P. MALISSARD-TAZA, Ingénieur des Arts et Manufactures
MAISON FONDÉE EN

Matériel roulant de mines, berlines en fer et en acier

Pièces de rechange, wagonnets à minerais et à terrassements,
wagons à minerais se vidant par le fond, type Somorrostro,
wagons de 10 tonnes à caisses fixes ou mobiles avec
fermetures de divers systèmes, wagons-citernes pour le transport
des pétroles, alcools ou autres liquides

Matériel d'extraction, embarquement des houilles et minerais

Cages d'extraction, parachutes de divers systèmes, parachute
Taza, matériel d'épuisement et de sondage, taquets à verrous, à
porteaux et hydrauliques, chevalets, plans inclinés automoteurs,
embarquement mécanique des charbons, système Taza-Villain,
breveté s. g. d. g., avec basculeur à pendule différentiel et frein
hydraulique, chaîne flottante.

CHAUDRONNERIE ET TRAVAUX DIVERS
GÉNÉRATEURS DE TOUS MODÈLES
Tubulaires et semi-tubulaires, cheminée en tôle, bacs réservoirs
conduites de gaz et d'air, ferrures d'artillerie, four à sole tournante, système Biétrix, pour le séchage des phosphates, TRA-
VAUX PUBLICS, ponts, bateaux, margalats, dragues, godets en
acier, éclases, barrages, caissons à air comprimé, cloches à dérochement, estacades, charpentes en fer.

VERNIS-PEINTURE dits MÉTALLIQUES
tout préparés, prêts à être employés
DE TOUTES COULEURS, SÉCHANT EN MOINS DE 2 HEURES

VERNIS de TOUTES NUANCES
POUR FER ET BOIS

VERNIS MINÉRAL
pour grosse Tôlerie et Chaudronnerie

E. BUREAU
FABRICANT
Rue Saint-Martin
107 ET 109
PARIS

USINE
Avenue de Paris
VILLEJUIF
(Seine)

LIQUIDE FLUIDE
INCOLORE
*préservant de l'oxydation
tous les métaux blanchis ou polis*

PEINTURE UNIVERSELLE
Toute préparée à l'huile
Prête à employer. — Toutes les nuances
courantes en boîtes spéciales de 1, 2 et 5 kilogrammes

PEINTURE EN BOITE
à la Marque de Fabrique J. S. aux couleurs nationales

Ancienne Maison J. L. BOUDIN
CONSTRUCTEUR-MÉCANICIEN
Ingénieur des Arts et Manufactures

E. NUYTS, SUCCESSEUR DE A. CHÉRIER
207, Boulevard Voltaire, PARIS

PALIERS DOUBLES-GRAISSEURS

ARBRES
et
ORGANES
de
TRANSMISSION

FOURNISSEUR
de
L'ARTILLERIE
et de
LA VILLE DE PARIS

30.000 en usage   30.000 en usage

Monte-Charges, Gerbeuse pour Tonneaux
PRESSES A DORER ET A BOUTONS
Nombreuses Récompenses aux différentes Expositions

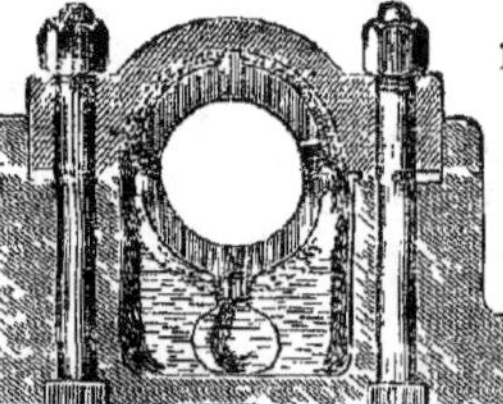

---

2 GRANDS PRIX - **1889** - 4 MÉDAILLES D'OR

CREUSETS FRANÇAIS
EN PLOMBAGINE
de toutes formes et dimensions

ÉMILE MULLER & Cie
Ivry-Port, près Paris

PRODUITS CÉRAMIQUES POUR CONSTRUCTIONS ET INDUSTRIES
Pièces Spéciales en Silice, Magnésite, pour Fours à haute température de Verreries et Métallurgies.—Cornues à Gaz.—Pièces spéciales diverses. Tuiles à recouvrement et à emboîtement.—Ornements—Briques et pièces émaillées, etc.

GRANDE MÉDAILLE D'OR

G. LAPOINTE,
Fabrique de Vis cylindriques
en tous genres
USINE A VAPEUR
9, rue Saint-Sébastien 9
PARIS

CONSTRUCTr - MÉCANICIEN
TOURS A DÉCOLLETER
POUR VIS CYLINDRIQUES
pouvant faire conique et cylindrique.

TOURS A PERCER
ET A FENDRE

ENFER & SES FILS
Fournisseurs de l'Armée, de la Marine, des Chemins de Fer, des Écoles

10, Rue de Rambouillet, à Paris
MAISON FONDÉE EN 1834

43 Médailles françaises et étrangères — 1883-1888 : Six Méd. d'Or
Deux Médailles Arg. Une Bronze. Exp. 1889

SOUFFLETS
FORGES PORTATIVES
pour toutes industries
TUYÈRES DIVERS MODÈLES
FOYERS EN FONTE
SE DÉMONTANT FACILEMENT
pour forges de 1 à 4 feux

Envoi franco du Tarif

POMPES CENTRIFUGES
L. DUMONT
PARIS, 55, RUE DE SEDAINE
LILLE, 100, RUE D'ISLY

MANUFACTURES
ÉPUISEMENT — IRRIGATION
DÉSSÉCHEMENT
SUBMERSIONS DES VIGNES

LOCATION DE MACHINES
Supériorité prouvée par 6500 applications

Envoi franco du Catalogue

Fournitures générales
POUR USINES

G. CAMBRAY ET Cie

A ANICHE (Nord) et 24, rue de Dunkerque, à PARIS

Maison la plus importante pour la vente des courroies, huiles graisses, graisseurs, pompes, manomètres, brouettes, crics tuyaux, caoutchoucs, clefs, agrafes, appareils de toutes sortes calorifuges, injecteurs, robinets, foreries, etc.

L'album illustré de 70 pages est envoyé
franco sur demande

FABRICATION DES TUBES

ou

articles tubulaires en métal

APPAREILS PERFECTIONNÉS

Système ROBERTSON

Brevetés S. G. D. G. sous le N° 196678

Fabrication des articles tubulaires sans couture, des carneaux de chaudières, des bagues d'accouplement pour tuyaux, des bandages pour poulies, etc.

Formation et étirage à chaud de tous genres de tubes en fer, acier, cuivre, bronze, etc., qu'on désire obtenir.

L'inventeur, désireux de concéder une licence d'exploitation de ses appareils et de traiter la vente de ses droits en France invite MM. les industriels à visiter l'installation, faite dans les ateliers des usines Pocock, 11, rue de Flandre à Paris, d'un de ses appareils et à examiner les échantillons en dépôt.

Pour tous renseignements ainsi que pour traiter, s'adresser à MM. Brandon et fils, ingénieurs conseils, à Paris, rue de Provence, n° 59.

On demande à acheter occasion en bon état.

Un tour parallèle simple avec ou sans engrenage ou moteur ayant de hauteur de pointe 15 a 17 centimètres et longueur 0 m. 80 ou 1 mètre.

S'adresser au bureau du Journal. — A. D.

LA COMPAGNIE DE L'OUEST

va reprendre, à partir du 1ᵉʳ mai prochain, son double service quotidien de jour et de nuit, entre Paris (Gare Saint-Lazare) et Londres, par Dieppe et Nevohaven. Mais à la différence des années précédentes, le service de jour ne sera plus suspendu à l'automne il continuera désormais pendant tout l'hiver, de sorte que la ligne de Dieppe Nevohaven offrira toute l'année au public un double service de jour et de nuit (heures uniformes).

DÉPARTS DE PARIS :

9 heures du matin et 9 heures du soir.

DÉPARTS DE LONDRES :

9 heures du matin et 9 heures du soir.

Billets simples entre Paris Saint-Lazare et Londres valables pendant 7 jours :

1ʳᵉ classe, 43 fr. 25 ; 2ᵉ classe, 32 fr. ; 3ᵉ classe, 23 fr. 25.

Billets d'aller et retour entre Paris Saint-Lazare et Londres valables pendant un mois.

1ʳᵉ classe, 72 fr. 75 ; 2ᵉ classe, 52 fr. 75 ; 3ᵉ classe, 41 fr. 50.

UNE AMÉLIORATION POSTALE

A partir du 1ᵉʳ Avril, les lettres a destination de l'Angleterre profiteront d'un départ supplémentaire, moyennant simple taxe, jusqu'à l'heure de départ du train de 8 heures 50 soir pour Dieppe et Newhaven, (dernier train partant de Paris, gare Saint-Lazare, pour l'Angleterre).

Les lettres pour Londres seront distribuées dans la matinée ; les lettres a

destination de la province seront réexpédiées par les courriers dont les départs suivront leur arrivée à Londres (8 heures du matin).

Heures de levées extrêmes :

8 heures 30 soir, au bureau de Paris, 18, rue d'Amsterdam.

8 heures 40 soir, aux deux boîtes de la Salle des Pas-Perdus de la gare Saint-Lazare.

Ce service fonctionnera le dimanche comme en semaine.

Chemins de Fer de l'Ouest

Prolongation de la durée de validité des billets

d'aller et retour à prix réduits

La Compagnie des Chemins de fer de l'Ouest délivre à Paris à toutes les gares de son réseau (grandes lignes) et vice versa, des billets d'aller et retour comportant une réduction de 25 0/0 en 1ʳᵉ classe et de 20 0/0 en 2ᵉ et 3ᵉ classe sur le prix doublé des billets simples.

La durée de validité de ces billets vient d'être modifiée comme suit :

De 1 à 30 kilom...	1 jour
De 31 à 115 »	2 jours
De 126 à 250 » ...	3 jours
De 251 à 400 » ...	4 jours
De 401 a 500 » ...	5 jours
De 501 à 600 » ...	6 jours
Au-dessus de 600 » ...	7 jours

L'amélioration consiste dans l'abaissement de 75 à 30 kilomètres de la 1ʳᵉ coupure et dans l'allongement d'un jour pour les parcours supérieurs à 400 kilomètres et de deux jours pour les parcours supérieurs à 600 kilomètres.

Ces délais de validité continuent à être augmentés, le cas échéant, les dimanches et jours de fête.

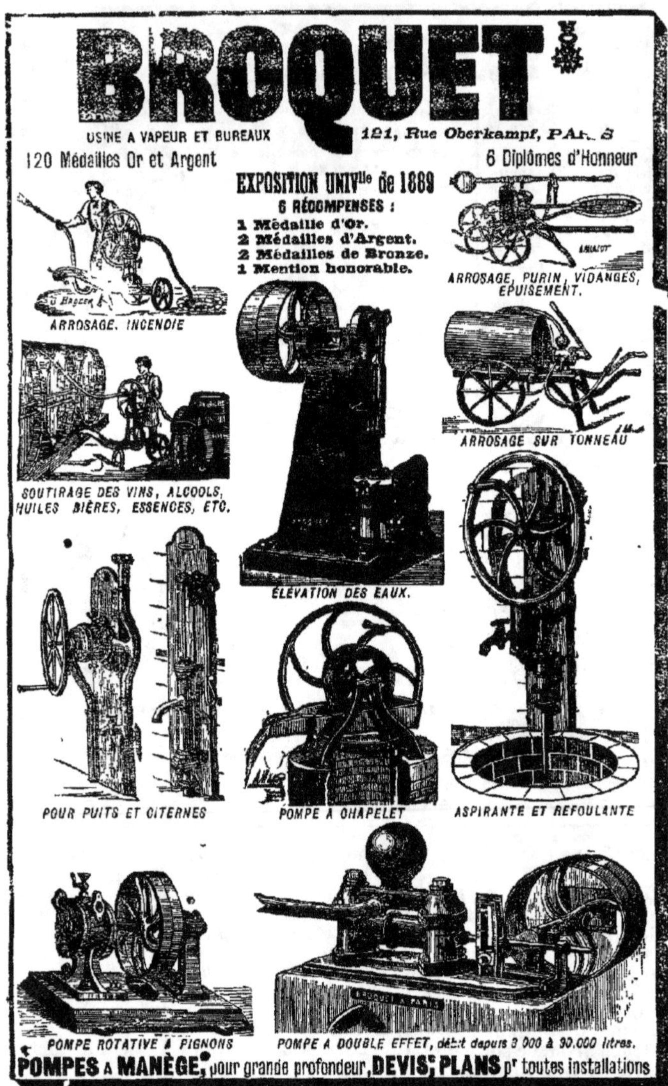

de tous les poids à [...]
tement normal e[...]
duit, à *simple a[...]*
rence et *mixtes* p[...]
chemins de fer, tr[...]
ways et lignes de [...]
tagne avec la cré[...]
lère et toute l'in[...]
lat on, sous garantie absolue.

Locomotives spéciales pour tunnels et entrepri[ses]

Wagons de tous genres, plaques-tournantes, croisem[...]
DEVIS ET PROJETS GRATIS, RÉFÉRENCES DE 1er RANG
FRITZ MARTI-WINTERTHUR (Suisse)

Exposition Universelle 1889. Médaille d'Argent

ROBINETS PURGEURS AUTOMATIQUES
V. CLEUET
Paris, 15, rue Meynadier, 15, Paris
FOURNISSEUR DE LA MARINE,
DES MANUFACTURES NATIONALES ET DES GRANDES USINES

Ces appareils sont applicables aux conduites de vapeur, pour chauffages, aux enveloppes et tiroirs de cylindres, aux doubles fonds, serpentins, etc., etc.

Avantages. — Evacuation continue, sans perte de vapeur, et à toute empérature, des eaux de condensation. — Economie de combustible. — Sécurité.

TARIF

NUMERO DES PURGEURS	1	2	3	4
Débits par heure en litres	75	200	400	700
Surface de chauffe correspondante	25 mc	70	125	210
Prix....................	30	45	75	120
Poids................	1 k 200	2 k	4	6

Envoi *franco*, sur demande, des Notices et Références Les purgeurs sont livrés à l'essai, si on le désire Les frais de transport seuls sont à la charge du client

Voir le *Fer* de ce jour.

INSERTIONS GRATUITES

Pour les Abonnés et pour les Ingénieurs de l'École Centrale et des Écoles d'Arts et Métiers — Pour les Employés et Ouvriers de Forges, Fonderies et Hauts Fourneaux — Pour les Employés des Maisons de Quincaillerie et de Fers

Nous prions ceux de nos abonnés qui nous demandent des renseignements de joindre toujours un timbre pour la réponse, sans quoi il ne serait pas donné suite à leur demande.

Spécialité de roues en fonte d'acier recuite et en fonte d'acier Martin de première qualité garantie.

F. MARTI
Winterthour (Suisse).

Société du véritable Emeri de Naxos

NAXOS-UNION

à Francfort-sur-Mein (Allemagne)

Spécialités : Meules en Corindon Emeri pour travailler les outils et tous les métaux à sec et avec de l'eau, de composition élastique fort résistante.

Machines à meules en Emeri en plus de 100 modèles différents.

CHEMIN DE FER DE PARIS A LYON ET A LA MÉDITERRANÉE

Méditerranée-Express, train de luxe tri-hebdomadaire entre Paris (gare du Nord). Nice et Vintimille et vice-versâ. Trois fois par semaine, les mercredi (nuit du mardi au mercredi), vendredi et dimanche, (nuit du samedi au dimanche), à minuit 15 part de la gare de Paris-Nord, pour Nice et Vintimille un train dénommé : « Méditerranée-Express »,

composé de wagons-lits, sleeping-cars et d'un wagons-restaurant.

La traversée de Paris, du réseau P.-L.-M. ou vice versâ, a lieu par le chemin de fer de Petite-Ceinture.

Le Méditerranée-Express arrive le même jour à Cannes à 7 h. 11 soir, à Nice a 7 h. 46, à Monaco à 8 h. 47 et à Vintimille à 9 h. 7.

Au retour, ce train part de Vintimille les lundi, jeudi et samedi à 4 h 53 du soir, de Menton à 5 h. 16, de Monaco à 5 h. 40, de Nice à 6 h. 08, de Cannes 6 h. 59, pour arriver à Paris (Nord) le lendemain à 2 h. 30 soir.

Il prend à et pour tous ses points d'arrêt les voyageurs en destination ou en provenance de Paris (gare du Nord). Il prend également des voyageurs à chacun de ses points d'arrêt pour les autres, à la seule condition qu'il y ait des places disponibles au passage.

On peut se procurer des billets : à Paris, à la gare du Nord et à l'agence des Wagons-lits, 1, quai Masséna; enfin à toutes les gares où ce train prend des voyageurs. Le nombre des places est limité.

Dix-huitième Année. — N° 17.   LE FER, 48, RUE MAUBEUGE, A PARIS   25 avril 1893

LE FER
REVUE MÉTALLURGIQUE

ABONNEMENTS

France : Un an....... .... 12 fr
Étranger . Port en sus.

ANNONCES

Envoi du tarif sur demande adressée à
M. Delyon Propriétaire-Gérant.

ADMINISTRATION

L'Administration du Journal répond directement à toute lettre qui lui est adressée affranchie,
munie d'un timbre poste ou de la bande d'abonnement. faute de ces deux formalités, elle répond par
la voie du journal

Les demandes, envois et communications doivent
être adressés à M. Delyon Propriétaire-Gérant
48, rue de Maubeuge.

*Ceux de nos abonnés, dont l'abonnement
est expiré et qui ne désirent pas continuer
leur abonnement, sont priés de vouloir bien
refuser le journal au facteur, en écrivant
sur la bande le mot* REFUSÉ.

*A défaut de cette mention, nous les consi-
dérons comme réabonnés, et à ceux qui ne
nous auront pas envoyé de mandat avant la
fin du présent mois nous ferons présenter
une traite postale, du 1er au 10 du mois prochain.*

SOMMAIRE

MARCHÉ DU FER
ET DE SES DÉRIVÉS

Paris

Il est bien évident que, sans la malen-
contreuse circulaire dont nous avons
parlé dans un précédent bulletin, l'on
vendrait très couramment sur notre place
15 50 les fers marchands et 16 50 les planchers. Tandis que, malgré la bonne activité des affaires, on est forcé de concéder
0 50 0/0 kil. sur les cours ci-dessus.

On prévoit que l'activité que nous
constatons va aller en s'accentuant, Certes, ce ne sera pas comme en 1880, mais
déjà on constate d'importantes spécula-
tions immobilières qui se présentent.
Nous savons de bonne source que des capitaux considérables sont mis par des
notaires de Paris et de la province à la
disposition de constructeurs qui ont déjà
des terrains achetés pour commencer des
bâtiments de rapport. Il faut s'attendre,
sous peu, à une véritable poussée qui
n'atteindra peut-être pas toute son intensité cette année, mais qui promet énor-
mément, surtout pour l'année prochaine.

Déjà tous les marchands sont unanimes
à reconnaître que, depuis longtemps, ils
n'avaient sorti autant de fers de leurs
magasins que pendant la semaine qui
vient de s'écouler. Probablement que
cette excellente situation va faire refluer
sur les forges du Nord le bon courant de
commandes qu'elles reçoivent habituellement des alentours parisiens et dont
elles étaient privées en partie au profit
des forges des autres groupes pour des
raisons que nous avons données dans un
de nos précédents bulletins.

Pendant le mois de janvier des années
1893 et 1892, il est entré dans Paris les
quantités suivantes de fers et fontes
destinés à être employés dans les constructions :

	1893	1892	Différence
Fers . kil.	1,501,872	2,173.618	— 674,746
Fontes...	1,025,882	1,262,760	— 236,878

Loire et Midi

Quoique la situation de notre place soit
sans changement, il convient d'enregistrer la continuation du courant de petites
demandes qui permet à la plupart de nos
forges une allure de travail relativement
satisfaisante.

Il nous faut malheureusement constater aussi l'absence à peu près complète
des affaires de longue haleine, sauf cependant pour les ordres en fers spéciaux
pour la transformation, qui arrivent assez
importants et régulièrement.

Nous avons parlé en son temps des
agrandissements entrepris aux usines de
l'Horme pour donner plus d'extension à
la fabrication des fers de commerce ; ce
paraît être chose faite actuellement. Ces
usines annoncent, en effet, par circulaire,
qu'à partir du 1er mai prochain elles seront
en mesure de produire les échantillons
suivants :

Plats de 170, 180, 200, 210, 220 et 240 m/m.
Ronds de 100 à 200 m/m
Carrés de 70 à 130 m/m
Cornières égales de 110, 120, 140, 150 m/m
Cornières inégales de 100×80, 120×80,
130×90, 150×90, 160×90.
Fers à U de 120, 140, 175, 200, 250 m/m.
Fers à doubles I, ailes larges de 160 à
175 m/m.

Tous ces laminés en sus de ceux figu-
rant sur l'album actuel.

Quant aux prix, nous conservons la
base de 15 50.

Dans les usines de produits manufacturés, la situation est assez satisfaisante.
Les récentes commandes de l'Etat — marine et guerre — et des Compagnies de
chemins de fer fournissent non seulement
une bonne activité, mais encore garnissent
le portefeuille pour quelques bons mois.

Le conseil général de la Loire a enfin
décidé, et cette fois définitivement, la
construction de deux lignes à valoir sur
le réseau départemental voté à différentes reprises par cette assemblée.

L'ensemble de ces lignes s'élève à un
total de 109 kil. 500 et la dépense à
6,024,099 fr. Espérons que nos usines
auront une bonne part dans la fourniture
du matériel.

Ardennes

Les usines et manufactures montrent
une meilleure activité. Les besoins qui
se produisent au printemps ont provoqué
des demandes, mais pas de grosses
affaires. Quant aux prix, pas le moindre
changement ; dans les forges, ils sont soutenus ; c'est tout ce qu'on peut en dire.
Peut-être les grèves belges nous vaudront
plus de fermeté sur les fers et sur les combustibles.

Comme petites nouvelles commerciales,
disons que la Société d'Aubrives a pris
une part de la fourniture de tuyaux
demandés par les villes de Tourcoing et
Roubaix.

La Manufacture ardennaise vient d'obtenir des chemins de fer de l'Etat 85.000
kil. de boulons en acier.

Nous avons dit que l'atelier de galvanisation de Nouzon ne tarderait pas à être
remis en marche. Une société anonyme
le reprend et doit y appliquer un procédé
nouveau.

On annonce la création d'une fabrication d'acier coulé aux forges de Mon-
thermé. Les travaux sont commencés et
doivent être, paraît-il, activement pous-
sés.

Haute-Marne

Une bonne suite d'affaires se remarque
un peu dans tous les articles. Ce n'est
plus un courant aussi animé qu'à la fin
de mars, ainsi que nous le constations
déjà il y a huit jours, mais il est encore
fort satisfaisant et suffirait presque à
alimenter le travail des usines si celui-ci
n'était déjà assuré largement par les
commandes anciennes.

Dans les forges règne l'activité la plus
grande. Fers marchands et fers spéciaux
sont également favorisés. Les feuillards
même ne sont plus délaissés. Nous ne
parlons pas autant de la machine, dont
la situation est établie par des marchés
de longue haleine. Le prix de base des
fers reste de 145 à 150 fr. la tonne, classes confondues.

La verge de tréfilerie ne bouge pas à
185 et 190 fr, prix qui correspond bien
juste à celui des aciers bruts que nous
rappelons pour mémoire : billettes 135 fr.,
blooms 125 fr., lingots 115 fr. la tonne.

Pas de changement non plus dans les
fils. Le quincaillier n° 20 se paie 20 et
21 fr. les 100 kil. On termine les dernières
livraisons de fils à clôture et à vigne
dans le Centre ; celles du Midi sont effectuées depuis un mois.

Après une assez bonne demande, le
calme se fait sur la pointe, qui trouve
encore de petites affaires à 24 fr. le n° 18
en acier.

La chaîne se place assez couramment
en ce moment par lots peu importants
aux environs de 43 fr. les 100 kil.

Nous retrouvons la fonderie en bonne posture, quant aux ordres en fabrication, mais toujours difficile sous le rapport des prix qu'on est dans l'impossibilité de re'ever, et qu'on tend plutôt à réduire pour enlever les affaires. C'est surtout dans des pièces particulières de moulage pour constructions spéciales que la concurrence se remarque quand la fourniture est d'un certain tonnage, Dans les articles de commerce, la concurrence est moins vive, si ce n'est pourtant à Paris, où la situation est décourageante.

Meurthe-et-Moselle

Le mouvement de reprise va en s'accentuant de plus en plus. Sous le rapport des fontes notamment les affaires sont actives.

Les quantités expédiées, non moins que la nature des fontes et la qualité des acheteurs, tout indique que ce développement de commandes correspond à un besoin réel de la consommation et nullement à un mouvement de spéculation, en vue de créer des approvisionnements avant la hausse probable d'ici à quelque temps.

Il est donc inutile d'ajouter que les marchés se concluent sans aucune concession de la part des vendeurs. Les tendances sont en ce moment nettement favorables aux producteurs et les acheteurs qui ont traité antérieurement à des prix élevés doivent s'estimer heureux de cette prévoyance.

Dans les forges, le même mouvement d'affaires se soutient. Les expéditions sont nombreuses et correspondent à d'importants marchés conclus avec Paris. L'entente relative des marchands de Paris ne peut encore qu'améliorer cette situation.

On continue donc à traiter rigoureusement aux cours de base de 14,50 à 15 fr. pour les fers marchands n° 2.

Nord

On lit dans la *Métallurgie du Nord* : Ainsi qu'il fallait s'y attendre, les forges sont plus ou moins abondamment pourvues de travail selon l'importance et le nombre des marchés traités par chacune d'elles avant la constitution du syndicat ; mais l'arrêt des forges de Crespin va avoir pour conséquence de rétablir l'équilibre. La répartition des marchés conclus par cette forge et non entièrement exécutés va naturellement s'opérer au profit de ceux des fabricants, qui, en raison de la somme moindre de leurs engagements, sont restés jusqu'à présent en dessous du quantum à eux attribué.

L'inconvénient pouvant résulter d'une inégalité de répartition dans le courant des commandes va donc disparaître pour ne plus se renouveler, par suite des mesures que vont prendre les maîtres de forger pour y obvier. Leur entente ne doit-elle pas précisément avoir pour effet de maintenir la balance égale entre tous au point de vue de la distribution du travail dans la zône syndiquée ?

Les marchés ne se renouvellent peut-être pas à l'heure qu'il est dans la mesure exacte de leur écoulement ; mais cette considération, dit-on, laisse nos maîtres de forges assez indifférents. Même en cas de marchés, n'est-il pas avéré que, pratiquement, ceux-ci ne s'exécutent qu'au fur et à mesure des besoins de l'acheteur ?

On pourrait même ajouter que les engagements n'ont presque jamais tourné au profit des usines. Ils sont remplis avec ponctualité quand l'acheteur a profit à s'en livrer et trainent trop souvent en longueur quand le contraire a lieu. C'est apparemment là une des raisons qui ont poussé les fabricants de fers à cheval à ne plus en conclure, ce qui ne les empêche pas d'avoir leur fabrication tout aussi bien alimentée qu'auparavant. Le jour où les maîtres de forges adopteraient également cette mesure, on verrait cesser ces faits anormaux et toujours choquants d'acheteurs pratiquant des cours inférieurs à ceux des fabricants eux-mêmes. C'est en effet quand les acheteurs réussissent à s'accrocher au bon moment à la roue de la fortune, c'est-à-dire à traiter leurs marchés dès avant une hausse, qu'ils sont rendus à même de faire concurrence aux forges pendant toute la durée desdits marchés.

Les grèves de Belgique ne vont pas sans causer quelques ennuis à nos maîtres de forges. Déjà la fabrique de fer de Maubeuge est en chômage depuis plusieurs jours faute de houille, et on dit que certaines usines, insuffisamment pourvues de houille pour se maintenir en activité jusque dimanche prochain, ne remettront pas à feu, ne se souciant pas de courir le risque d'être obligées d'éteindre après deux ou trois jours de marche seulement. Il est peu probable d'ailleurs que la situation en vienne à se modifier en Belgique à bref délai, à moins, ce qui paraît peu probable, que le suffrage universel ne soit voté aujourd'hui par la Chambre des représentants, vu qu'un moyen terme quelconque ne donne momentanément satisfaction aux revisionnistes.

Belgique

Le marché sidérurgique n'a pas présenté cette semaine beaucoup d'animation. La seule chose intéressante qui mérite d'être relatée, est l'adjudication des bâtiments en fer de l'Exposition d'Anvers, représentant, tant en tôles qu'en fers, environ 3 millions de kilos. Elle est définitivement échue à trois constructeurs : la Société de Sclessin, Baume et Marpent et Berlaux (Bruxelles).

La légère amélioration, quant à la somme de travail parvenue aux usines, signalée depuis quelques semaines, se maintient ; les ordres ont été plus abondants, malheureusement il n'y a pas l'ombre de relèvement des prix ; ce n'est même qu'au moyen de nouveaux sacrifices que nos fabricants ont pu obtenir les affaires qui les occupent plus activement depuis quelques semaines.

Les perspectives du marché général permettent-elles d'espérer que le courant d'ordres se maintiendra et pourra même grossir ? On est porté à répondre affirmativement en observant ce qui se passe en Angleterre et en Allemagne. Dans ce dernier pays il y a plus de fermeté et dans l'autre plus d'animation.

L'attention des métallurgistes continue à se porter sur la vente des crasses de fours à puddler. En France elles sont à 10 fr. usines et en Belgique à 9 50. Une de nos grandes Sociétés vient d'en acheter 60,000 tonnes qui lui reviennent, tant françaises que belges, à 11 fr. les mille kilos rendus dans sa cour.

Angleterre

Les expéditions ont été un peu moins favorables et se maintiennent approximativement au niveau de 1892 : 81,125 tonnes au 8 avril contre 79,873 tonnes à la même date de 1892. Les stocks restent à peu près stationnaires et s'élèvent encore à 341,806 tonnes contre 340,288 tonnes au 1er janvier dernier. Il n'y a plus que 70 hauts fourneaux en feu.

Cote de Glasgow :

	n° 1	n° 3
Coltness............	66 25	60 »»
Langloan...........	66 25	57 50
Galder	61 25	57 10
Cartsherrie........	59 35	55 60
Summerlee.........	61 85	57 50
Carnbroe..........	54 35	53 10
Clyde...............	59 35	55 60
Monkland..........	53 10	51 85
	n° 1	n° 3
Govan.............	51 70	51 40
Quarter...........	51 70	51 40
Glengarnock........	60 60	56 25
Dalmellington.......	57 50	55 »»
Eglinton...........	54 35	53 10
Shotts.............	65 60	60 60
Kinneil............	—	—
Carron	65 60	50 10

Cleveland. La situation est toujours des plus favorables. Les expéditions du mois courant atteignent, à la date du 13, les chiffres de 35,784 tonnes contre 21,765 tonnes à la même date de 1892 et les stocks n'augmentent pas. Ils sont de 66,316 tonnes pour Middlesbrow et de 64,223 tonnes pour le Cumberland. Donc la vente des fontes absorbe complètement la production.

Malgré tout, le cours des warrants est faible. Les producteurs, par contre, maintiennent très fermement leurs conditions et ne s'engagent qu'à un prix meilleur pour les livraisons à long terme.

Cote de Middlesbrow :

Fonte n° 1	46 25
» n° 3	43 10
» n° 4 fonderie	41 85
» n° 4 de forge	41 25
Truitée	40 90
Blanche	40 60

Fers et aciers. L'activité de ce compartiment s'est légèrement ralentie. On ne peut plus dire que les commandes arrivent avec la même abondance. Cependant les aciéries ont du travail, mais les constructeurs de navires ne jouissent pas du même avantage. C'est le point noir de la situation.

On cote les barres de fer, qualité ordinaire, 122 50, les tôles de fer pour navires 115 fr., celles pour chaudières 140 fr. Les cornières en fer 115 à 120 fr.

Les toles d'acier pour chaudières 150 fr. Celles pour navires 125 fr. Les cornières d'acier 118 50.

Les rails se cotent 94 fr. Les traverses d'acier 118 50.

Les exportations de produits métallurgiques et charbonniers de la Grande-Bretagne pendant les trois premiers mois des années 1893 et 1892 se sont respectivement élevées aux chiffres suiva ts :

	1892	1893
Fonte brute (Tonnes)	132 273	138.212
Fers en barres, ronds et cornières	39.561	50.571
Rails et accessoires	111.762	91.077
Fil de fer ou d'acier et ouvrages en fil. (fil telegraphique excepté	9.681	13.025
Feuillards, tôles, blindages	32.730	29.031
» » galvanisés	42.091	38.350
Fer blanc	103.381	98.660
Ouvrages en fer ou en fonte (fournitures d'artillerie à part)	69.452	80.317
Riblons de fer et d'acier	27.079	20.107
Acier brut	36.878	36.648
Ouvrages en acier ou en fer et acier	4.784	4.790
Totaux	600.676	599 968
Charbons et cokes	6 450.077	6.210.540

Les importations de minerais de fer en Angleterre pendant les années 1892 et 1891 se sont respectivement élevées à 3,780,503 et 3,180,543 tonnes. Les minerais d'Espagne entrent dans le total de 1892 pour 3,423,191 tonnes.

Les exportations de manganèse, pendant les mêmes années, ont été de 109.823 et 101,449 tonnes. Le total de 1892 comprend 51,844 tonnes provenant de la Russie méridionale et 27,195 tonnes provenant du Chili.

Le nombre des fours à sole existant dans la Grande-Bretagne, en 1892, était de 219 fours acides et 40 tours basiques, 211 des premiers et 25 des seconds ont travaillé en 1892, produisant 1,310,774 tonnes d'acier acide et 108,056 tonnes d'acier basique, soit au total 1,418,830 tonnes contre 1,514,538 tonnes en 1891 ; d'où une différence en défaveur de 1892 de 95,708 tonnes.

Allemagne

Les compositeurs nous ont fait dire dans notre dernier numéro que les maîtres de forges allemands exigent pour les nouvelles affaires une majoration de 5 fr. par 100 kil. Nous avions écrit 5 fr. par tonne. Nos lecteurs ont facilement rectifié cette e reur. La situation continue à s'améliorer sur le marché allemand nous croyons pouvoir prédire pour la fin du mois une nouvelle majoration de 5 fr. par tonne sur les billettes, blooms, lingots et sur la machine. L'augmentation de la demande est manifeste. Elle se produit aussi bien sur les fers que sur les aciers et, si les grèves dont la Belgique est menacée s'accentuent, il est probable qu'elles auront pour résultat d'accélérer la repri e qui se desine en Allemagne et et en France.

Sur le marché charbonnier, il n'y a rien de bien saillant à mettre en évidence, si ce n'est la lutte entre le syndicat et l'administration des chemins de l'E at pour la fourniture des 1,600,000 tonnes qui lui sont nécessaires. Le syndicat exige le prix de 10 fr. par tonne et l'administration ne veu payer que 9 fr. 50

Les deux adversaires maintiennent jusqu'ici leur position, mais il est probable et même à peu près certain que l'administration sera obligée de céder.

Italie

Nous extrayons d'un rapport du consul de Belgique à Lucques (Italie) le passage suivant relatif à la situation de l'industrie métallurgique en Italie :

Fonderies, forges et construction de machines. — Ces industries, malgré le prix élevé du charbon et la concurrence étrangère, continuent à se développer. L'emploi du fer tend à se généraliser.

Les poutrelles de fer de 14 à 18 centimètres de haut proviennent encore de la Belgique, quoiqu'on en fabrique déjà de semblables, avec de vieux rails, à Florence et à Terni ; ces poutrelles coûtent 160 à 180 fr. la tonne.

Maintenant, les ateliers de construction de machines et de chaudronnerie sont aussi bien montés en Italie que dans n'importe quel pays de l'Europe.

Les fonderies de fer travaillent également bien, tant pour la fabrication des objets d'art que pour les pièces mécaniques.

Minerai de fer. — Les minerais de fer toscans contiennent des fers magnétiques et des oligistes et, d'après l'analyse, 52.90 0/0 de fer.

Espagne

A Bilbao, la semaine dernière, le marché du minerai de fer a montré assez d'animation ; la demande est bonne et bon nombre de transaction se sont conclues. Les prix, toutefois, n'ont guère varié : on cote pour les rubios supérieurs de 6 sh. 3 d. à 6 sh. 9 d., rubios inférieurs de 5 sh. 9 d. à 6 sh. 3 d. et campanil de 8 sh. 6 d. à 9 sh. 6 d., suivant les conditions.

Les exportations de fonte vers l'étranger s'élèvent pour la semaine à 92,367 tonnes, ce qui fait monter le total des expéditions de l'année jusqu'à samedi à 1,235,452 tonnes, contre 1,106,190 tonnes l'année dernière à pareille époque.

Vente de vieilles matières

Le vendredi 5 mai 1893, à 9 h. 1/2 du matin, il sera procédé, au siège de l'administration des chemins de fer de l'Etat, 42, rue de Châteaudun, à Paris, par voie de soumission cachetée, à la vente de :

1° Vieilles fontes. — Un lot de 260 tonnes à prendre au parc de Tours ; un lot de 420 tonnes à prendre au parc de Mondoubleau ; cinq lots de 320 tonnes chacun à prendre au parc de Beillant.

2° Ferraille. — Un lot de 120 tonnes à prendre au parc de Tours ; un lot de 115 tonnes à prendre au parc de Mondoubleau ; un lot de 450 tonnes à prendre au parc de Beillant.

BULLETIN DES METAUX

CUIVRE

Les prix du métal restent stationnaires à Londres par suite du peu d'activité des transactions. Nous retrouvons, en effet, le Chili bon ordinaire à 44 15 liv. st. au comptant et 45 2 6 liv. st. à 3 mois. La tendance des cuivres raffinés et manufacturés est assez irrégulière : Tough anglais, 48 liv. st.; Best Selected, 49 5 liv. feuilles fortes, 56 15 liv. st.; feuilles de l'Inde, 53 9 liv. st.; laiton, 4 3/4 à 4 7/8 d. Les producteurs américains n'ont pas encore envoyé leur adhésion à la prolongation de l'entente avec les producteurs européens pour la restriction de la production. Du 1er juillet au 31 mars celle-ci a atteint 59 058 tonnes en Europe et 95 343 tonnes en Amérique, alors qu'aux termes de la convention les chiffres avaient été respectivement fixés à 73 764 et 104 794 tonnes.

Voici la statistique du mouvement commercial des cuivres en Angleterre pendant le mois de mars et les trois premiers mois de ces trois dernières années :

			Import.	Export.
Mars	1893	T.	9.606	7.679
»	1892		10.303	7.692
»	1891		8 591	7.848
3 mois	1893		29.239	17.654
»	1892		30.742	21.253
»	1891		30.079	20.224

Les affrètements du Chili pendant la première quinzaine d'avril se sont élevés à 500 tonnes. Durant la même période les approvisionnements en Angleterre et en France ont été de 2,370 tonnes et les délivraisons de 4,818 tonnes, d'où il résulte une diminution des stocks de 2,448 tonnes. Nous reproduisons à ce sujet le tableau comparatif des stocks dressés par MM. Merton et Cᵉ.

	15 avril 93	1893	1892	1891	1890
		31 mars			
Stocks en Angleterre et en France :					
Liverpool et Swansea, Chili barres........ T.	29.962	30.112	28.074	17.187	19.320
— Chili lingots.........	40	.	385	327	—
— Chili minerais.........	157	188	413	191	81
— autres.........	4.548	5.987	7.466	11.761	25.562
Londres, cuivre étranger.........	7.737	7.615	8.559	7.412	5.423
Havre, Bordeaux, Rouen et Dunkerque, cuivre fin....	5.809	6.419	6.114	18.725	37.652
T.	48.223	50.321	51.011	55.603	85.038
Avis du Chili.........	3.750	4.200	3.000	3.650	3.800
Avis d'Australie.........	850	750	300	1.000	400
Totaux T.	52.823	55.271	54.311	60.253	91.938
Prix Chili barres et G.-M.-B. par tonne......liv. st.	44 12/6	45-5	46-5	53 2/6	47 12/6

A Paris le cuivre en barres a baissé de 2 50 à 116 25 pour les premières marques et 113 75 pour les marques ordinaires. Les autres produits sont soutenus : lingots et plaques de laminage, 122 50; Best Selected, 126 25; minerai de Corocoro, 120 fr. — A Marseille les cuivres s'obtiennent facilement : Japon et Tokat en plaques, 118 fr.; petits lingots. 125 fr.; cuivre rouge en feuilles, 145 fr.; ronds en cuivre rouge, 155 fr. ; cuivre jaune en feuilles, 140 fr. ; vieux cuivre rouge, 95 à 105 fr.; vieux cuivre jaune, 60 à 72 fr. — A Hambourg la cote des métaux n'a subi aucun changement depuis la semaine dernière. — A New-York le cuivre du Lac est lourd et peu demandé au prix réduit de 11 25 à 11 37 1/2 cents

ÉTAIN

Le calme ayant succédé à l'activité de ces derniers jours à Londres, les Détroits clôturent en baisse à 94 2 6 liv. st. au comptant et 89 5 à trois mois. De son côté, l'étain anglais perd 5 sh. à 97 liv. st. pour les lingots ordinaires, 98 liv. st. pour les barres et 99 liv. st. pour les lingots raffinés.

Les importations et exportations de métal dans le Royaume-Uni s'établissent comme suit :

		Import.	Export.
Mars	1893..T.	3 440	2 346
id.	1892....	2 865	1 887
id.	1891....	3 375	1 266
Trois mois	1893..T.	8 300	5 822
id.	1892.....	7 911	4 639
id.	1891....	7 855	4 237

A Paris l'étain est en hausse dans les proportions suivantes : Banca, 257 50, contre 253 75 il y a huit jours; Billiton, 248 75, contre 245 fr; Détroits, 250 fr, contre 245 fr. Seul l'étain anglais est invariable à 247 50. — A Marseille le disponible est ferme, mais les livraisons à terme sont offertes au dessous des cours : Banca, 260 fr; Détroits, 240 fr; Billiton, 240 fr; étain en verges, 255 fr. — Amsterdam a débuté faible, avec de nombreuses offres de vente à court terme à 56 fl. en Banca, 55 1/2 fl. en Billiton et 56 1/8 fl. en Détroits. En clôture la tendance est meilleure pour le disponible : Banca, 56 3/4 fl.; Billiton, 56 fl.; Détroits, 56 1/2. Cette amélioration a eu peu d'influence sur les livraisons à trois mois, qui se traitent de 54 1/4 à 54 1/2 fl. pour le Banca, de 54 à 54 1/2 fl. pour les Billiton et Détroits. — New-York est calme m' is ferme à 20 80 cents.

PLOMB

Le plomb est en nouvelle baisse de 2 sh. 6 d. à Londres : plomb d'Espagne, 9 12 6 liv. st. ; plomb anglais, 9 15 liv. st. — A Paris les marques ordinaires livrables au Havre ou à Rouen gagnent 25 centimes à 25 25; celles livrables à Paris ne changent pas a 25 75 fr. — A Marseille la cote est stationnaire : plomb doux de première fusion, 24 75 fr. à 25; plomb doux de seconde fusion, 24 fr.; plomb antimonieux, 28 fr. ; laminés et tuyaux, 29 fr. ; grenailles, 34 fr. ; vieux plomb, 20 à 21 fr. — New-York se maintient à 4 05 cents.

ZINC

Le laminé de Silésie est invariable à 20 12 6 liv. st. à Londres. Les marques ordinaires et les marques spéciales ont rétrogradé de 2 sh. 6 d. aux cours de 17 10 liv. st. et 17 15 liv. st. respectivement. — A Paris les prix restent les mêmes qu'il y a huit jours : zinc de Silésie livrable au Havre, 47 25 fr. ; d'autres bonnes marques livrables au Havre, 46 75 fr. ; autres bonnes marques livrables à Paris, 47 25 fr. — A Marseille les cours sont également invariables : zinc en plaques de la Silésie, 48 50 fr ; zinc en plaques refondu, 42 à 43 fr ; zinc en feuilles de la Vieille-Montagne, 61 fr. ; vieux zinc, 93 à 94 fr. — New-York est soutenu à 4 35 cents.

FER-BLANC

Les usines sont actuellement bien pourvues de commandes en Angleterre et plusieurs d'entre elles ont le travail assuré pour plusieurs mois encore. Les prix sont très fermes : fer-blanc au bois première qualité, 0 16 6 à 0 18 6 liv. st.; qualité ordinaire 0 14 0 à 0 15 6 liv. st.; au coke première qualité, 0 12 9 à 0 13 0 liv. st.; qualité ordinaire, 0 11 9 liv. st.

Les affrètements au port de Swansea ont été la semaine dernière de 107,767 caisses, et les arrivages de 115,641 caisses. Les stocks atteignent aujourd'hui 234,438 caisses, contre 234,325 caisses à pareille époque de 1892.

MERCURE

Marché calme et cours soutenus à *Londres* : premières mains, 6 15 liv. st ; marques secondaires, 6 12 à 6 12 6 liv. st.

CHARBONS

France

Le marché charbonnier se maintient dans la même situation. Les extractions quoique la demande pour charbons domestiques ait diminuées, sont toujours actives. Quant aux prix ils demeurent sans changement voici quelques cours :

Mines d'Aniche. — Tout-venant sec. 13 fr.; tout-venant gras de Douai, 14; gailleteries 23; gailleteries, 19, gailletain, braisette, 22; braisette, 8; grains lavés pour forges, 14; pour générateurs, 14; coke lavé, n° 1, 23; n° 2, 22; coke non lavé, n° 3,20.

Les charbons demi-gras valent : Gailleteries, 24; gailletins 24; têtes de moineaux, 24; criblés 0 m. 04, 22; tout-venant 30 0/0. 14

Les charbons gras valent : Grains lavés demi-gras, 13; gailleteries, 20; criblés 0.04, 18; criblés 0 m 02, 13; tout-venant 30 0/0, 13; grains lavés pour forges, 15.

Produits fabriqués. — Briquettes, 15; cokes de fonderies, 20; coke de métallurgie, 14.

Béthune, charbons gras, fine, 12 50, industriel, 13.50; tout-venant, 14.

Bruay à flambants fines à 10.50; industriels à 14 50; tout-venant fort à 18.

Marles même prix.

Carvin, 1/2 gras, 11; fines à 12; industriel, 13 tout-venant.

Crespin charbon gras, 9 à 12.50; l'industrie, 13.50; tout-venant fort à 14.

Courrières, aux mêmes prix.

Dourges cote fine à 60 m/m, 13 ; et Drocourt, même prix que Béthune.

Mines de Liévin. — Fines, 12.50 ; industriel, 13 50 ; tout-venant, 14.50.

Lens, fines grasse, 11 ; industriel, 12 ; tout-venant, 13.25.

Thivencelles cotes ses 1/4 gras 8.90 pour les fines, 11 pour l'industriel, 11.50 pour le tout-venant et 14 pour le tout-venant fort.

Belgique

Dans une nouvelle assemblée plénière qui a eu lieu mercredi dernier à Bruxelles, et présidée comme les précédentes, par M. Ed. Despret, directeur de la Division de l'industrie à la Société générale, les producteurs de gailletteries 1/2 grasses des Bassins de Charleroi, du Centre et de Liège, se sont définitivement mis d'accord sur les prix à appliquer. Comme nous l'avons dit, il y a pour les gailletteries 1/2 grasses première qualité deux prix, un pour la saison d'été partant du 1er avril et allant jusqu'au 30 septembre 1893, et un autre pour la saison d'hiver commençant le 1er octobre 1893 pour finir le 30 mars 1894. Le premier de ces prix, qui est un minimum, est fixé à 20 50 fr. L'autre, aussi un minimum, est établi à 21 50 fr.

Nous croyons devoir faire remarquer que ces prix pour les premières qualités sont des minima. Un certain nombre de producteurs vendent plus cher.

A la réunion assistaient également les producteurs d'agglomérés de houille dont la production en gailletins et têtes de moineaux est, comme on sait, importante. De sorte que l'entente pour les gailletteries 1/2 grasses 1re qualité, les gailletins et les têtes de moineaux, est complète.

Allemagne

Les négociations continuent entre les chemins de fer de l'Etat prussien et le syndicat charbonnier de la Westphalie. Le bruit a même couru un moment que l'administration avait accepté le prix du syndicat, soit 8 M., mais il a été démenti bientôt après et la fermeté du marché charbonnier que le premier bruit avait fait naître a été remplacée par une faiblesse que le contre-coup provoqué par la déception a rendue d'autant plus accusée. Il paraîtrait maintenant que le syndicat n'a pas réussi à mettre en pratique la réduction de production de 10 0/0 qui aurait été décidée en principe, et que son influence ne pourra sérieusement se faire sentir que lorsque les marchés en cours seront épuisés. Or, on sait que ces marchés ont été conclus pour très longtemps à l'avance, dans certains cas pour deux et même trois ans. Tous ces faits, joints au refus de l'admistration des chemins de fer de traiter sur les bases fixées par le syndicat, ont eu sur le marché charbonnier une influence de dépression très marquée.

Quelques adjudications partielles seulement sont annoncées, notamment à Cologne pour une quarantaine de milles tonnes de combustible, mais qui ne comporte pas de charbon de locomotive ; ce sont donc plutôt des ballons d'essais qui sont lancés pour reconnaître la situation. Les charbonniers prétendent que le prix de 8 M. pour du charbon de locomotive devant être du tout-venant à 50 0/0 est loin d'être exagéré lorsque l'industrie privée paye de 7 M. à 7,50 M. pour du tout-venant de 15 à 25 0/0 de roulant. Comme le menu vaut de 5 à 6 M. et les houilles de 11 M. à 11 50 M., le calcul est du reste facile à faire et le prix de 8 M. en ressort même comme étant un minimum.

Le bruit que des grèves avaient éclaté en Belgique a plutôt raffermi la situation, mais sans que ces nouvelles aient eu d'influence bien accusée.

Le 28 courant aura lieu une importante adjudication de combustible pour l'administration des chemins de fer de l'Etat saxon. Elle comportera 341,400 T. de charbon locomotives, 12,580 T. de charbon de forge, 20,140 T. de charbon d'usage domestique et 2,690 T. de charbon à gaz. Ce sera très probablement l'occasion d'une nouvelle lutte entre le syndicat général de la Ruhr et les chemins de fer saxons.

J. MÉLAGE, Ingénieur-Conseil, Ingénieur des Arts et Manufactures
Membre du Syndicat des Ingénieurs-Conseils
  Paris.

90, Boulevard Richard-Lenoir, Paris
BREVETS D'INVENTION
Marques de Fabrique. — Dessins et modèles industriels. — Cessions. — Licences. — Avis motivés — Exploitation de Brevets. — Procès.

CHRONIQUE INDUSTRIELLE

Scie (?) électrique

Au moyen d'un fil de platine chauffé au rouge, on peut couper des objets constitués par des matières organiques. On n'avait peut-être pas eu l'idée de s'en servir pour couper le bois.

D'après le *Chemical New*, M. Warren emploie un fil de platine porté au rouge par le courant pour fendre les bois les plus durs.

Cette scie, qui n'en est plus une, présente un inconvénient : le fil de platine casse facilement. Pour y remédier, M. Warren se sert d'un fil d'acier, platiné dans une solution de chlorure de platine dans l'éther.

Nouveau mode de construction des cloisons étanches

M. James Sanderson, chef dessinateur des chantiers Palmer, à Jarraw-sur-Tyne vient de faire breveter un système relatif à la construction des cloisons étanches et autres structures du même genre, qui va probablement supplanter l'ancien système, principalement pour les navires de fort tonnage, pour lesquels il est absolument nécessaire que les cloisons offrent la plus grande résistance tout en ayant le moins de poids possible. Ce nouveau mode de construction, sur lequel nous renseigne la *Revue générale de la Marine marchande*, est appelé le système « ondulatoire » pour le distinguer du système ondulé, le premier étant représenté par les vagues et le second par les rides de la mer. Les ondulations sont formées en rivant ensemble une série de plaques à bords courbes qui forment en même temps les supports des tôles et les goussets de la structure.

Il résulte des calculs de résistance élaborés à ce sujet que la cloison « ondulatoire » possède un grand avantage sur la structure ordinaire. Même avec des tôles plus minces l'augmentation est de 25 0/0, et cette proportion peut être encore augmentée en modifiant légèrement les ondulations. Pour le prix de revient, l'inventeur est d'avis qu'il ne sera pas plus élevé que celui des cloisons actuelles, au début, mais que l'on arrivera à les livrer à meilleur marché. Le but de M. Sanderson, en proposant ce nouveau système, est d'augmenter les conditions de sécurité des navires et aussi leur stabilité.

L'importance de la question des cloisons étanches a été mise en évidence par la publication du rapport de la « Commission parlementaire des cloisons étanches» dont M. Harlaud, le célèbre constructeur de Belfast, est le président. Or, M. Harlaud a donné son approbation aux système de M. Sanderson pour les « cloisons ondulatoires ».

Ce système offre également de grands avantages pour la construction des portes des bassins et des cofferdams parce qu'il leur donne plus de rigidité et de force de résistance avec un poids moindre.

Dans ces conditions, on ne peut que souhaiter l'application de ce nouveau système à tous les paquebots à venir.

— Que l'on adopte les « cloisons ondulatoires », ou les cloisons armées — que nous avons conseillées, — peu nous chaut, mais que l'on ne persiste point à établir *ni à conserver* des cloisons qui sont un véritable leurre, comme l'expérience l'a montré. C'est une question d'humanité — et d'honnêteté professionnelle.

Verre imperméable aux rayons calorifiques

Les occasions ne manquent pas, dans l'industrie, où l'on emploierait avec avantage un verre sinon tout à fait imperméable à la chaleur, au moins ne laissant passer que fort peu des rayons calorifiques. Il n'est donc pas inutile de faire connaître, d'après le *Journal polytech-*

nique de Dingler, la composition d'un verre qui remplirait cette condition. Le mélange se compose de 70 parties de sable, 25 de kaolin et 34 de soude. L'analyse du verre produit donne :

SiO_2.............. 74 6 p. c.
Al^2O^3.............. 8,4 —
N^2O.............. 15,4 —
CaO.............. 0,9 —
Fe^2O^3.............. traces.

Une plaque de ce verre, de 7,6 m/m épaisseur, ne laisserait passer que 11 à 12 p. c. de la chaleur totale d'un bec de gaz forme pavillon.

Il va de soi que pour donner ce résultat le verre ne doit pas être échauffé par conductibilité, son rayonnement propre entrant alors en jeu avec une intensité qui amoindrit singulièrement son efficacité péciale.

On a recherché et conseillé parfois de tel verre pour les tuiles, en alléguant que le verre ordinaire aurait causé des incendies. Ceci est une erreur; aucun verre, s'il est sain, ne peut produire cet effet, mais le verre le moins perméable aux rayons calorifiques est dangereux s'il contient des soufflures, celles-ci agissant comme de véritables lentilles sur les matières inflammables qui se trouveraient à distance convenable, c'est-à-dire à leur foyer.

La Métallurgique

Extrait du rapport de l'exercice 1892

Les bénéfices des ateliers pendant le dernier exercice ont atteint 13 0/0 de la production, chiffre qui n'avait jamais été obtenu antérieurement.

En résumé, en chiffres ronds, dans ses grandes lignes, le résultat de l'exercice 1892 se présentent comme suit :

Les bénéfices bruts ont atteint..................... Fr. 774 000
Les intérêts, escompte et frais généraux..................... 372 000

Le bénéfice net est donc de.. 402 000

Pendant l'exercice précédent, le bénéfice net n'avait été que de 348,000 fr. pour une production supérieure de deux millions.

Nous amortissons :

Sur portefeuille ..... Fr.   60.000
Sur obligations.........   4.000
Sur magasins...........   100.000
Sur créances............   152.000
Sur comptes........ ....   15.000
Sur outillages..........   60.000

Ensemble... 391.000

et l'on porte la différence à nouveau.

La situation financière s'est encore améliorée ; on a pu rembourser une partie des obligations à courte échéance ; mais les dispositions de la Bourse (pour les valeurs industrielles) n'ont pas permis d'émettre le solde des obligations à long terme. On étudie actuellement une combinaison qui doit atteindre ce résultat ; en attendant, il faut continuer à être prudents et employer tous les bénéfices en amortissements.

Déjà, grâce à ce qui a été fait précédemment, les charges en intérêts, change et escomptes ont été réduites d'environ 46,000 fr. pour l'exercice écoulé.

Le rapport donne quelques renseignements très intéressants sur la bonne situation actuelle des hauts fourneaux du Sud de Châtelineau et des ateliers du Nord de la France dans lesquels « La Métallurgique » conserve des intérêts importants.

Nous pensons, comme le disent les commissaires de cette Société, qu'il importe avant d'assurer l'avenir en favorisant le placement des obligations, et que pour arriver à ce résultat, il est nécessaire d'appliquer les bénéfices aux amortissements et d'augmenter ainsi le gage des obligataires.

Ceux-ci trouveront, d'autre part, dans l'augmentation de la valeur du portefeuille, une sécurité également plus grande.

Dans ces conditions, il est à espérer qu'avant peu, le placement du solde de nos obligations s'effectuera et, alors, si la situation industrielle se maintient, qu'on pourra distribuer régulièrement des dividendes.

CHOMAGE DES CANAUX EN 1893

Voies navigables du Nord et du Pas-de-Calais

Canal de Bourbourg 30 jours : 15 juin-15 juillet. Les eaux ne seront abaissées qu'au passage de la porte d'eau militaire, à Dunkerque. Les bateaux pourront se rendre de cette ville à Saint-Omer par le canal de Bergues et la Haute-Colme.

Rivière d'Aa. 30 jours : 15 juin-15 juillet. Le bief du Haut-Pont sera abaissé au niveau de celui de Gravelines et n'offrira plus que 1 mètre de mouillage.

Canal de Neuffossé. Des Fontinettes à l'écluse de Saint-Bertin. 30 jours : 15 juin-15 juillet. Le bief de Saint-Bertin sera vidé complètement.

Rivière de la Lys. D'Aire à Houplines. 20 jours : 15 juin-5 juillet. Tous les biefs seront maintenus en eau jusqu'au 25 juin. Ils seront successivement abaissés du 25 juin au 5 juillet pour la réparation de divers ouvrages d'art.

Canaux d'Hazebrouck. Canal de Préaven et rivière de la Bourre. 61 jours : 15 juin-15 août. Les bateaux pourront se rendre d'Hazebrouck à Merville par le canal de la Nieppe et de la Lys, sauf du 25 juin au 5 juillet.

Canal d'Aire. De Cuinchy à Aire 30 jours : 15 juin 15 juillet. Les eaux ne seront abaissées qu'au passage de l'écluse de Cuinchy et du siphon Dermenghem.

Canal de Roubaix. 16 jours : 15 juin-1er juillet. Tous les biefs seront maintenus en eau jusqu'au 25 juin. Ils seront successivement abaissés du 25 juin au 1er juillet pour la réparation de divers ouvrages d'art.

Canal de la Deûle. Ecluse du Fort-de-Scarpe, 16 jours : 15 juin-1er juillet. Le bief de Don sera maintenu au niveau réglementaire. — Du pont de la Planche à Quesnoy à l'écluse Sainte-Hélène. 16 jours : 15 juin-1er juillet. Les biefs seront maintenus en eau, sauf celui de la Moyenne-Deûle. — De l'écluse de Quesnoy-sur-Deûle à la Lys. 16 jours. 15 juin-1er juillet. Tous les biefs seront maintenus au niveau réglementaire.

Rivière de Scarpe. Scarpe supérieure. 20 jours : 15 juin-5 juillet. Les biefs seront maintenus au niveau réglementaire. — Scarpe moyenne. 16 jours : 15 juin-1er juillet. Les biefs seront abaissés de 40 centimètres.

Canal de la Sensée. — 16 jours : 16 juin-1er juillet. Les biefs seront abaissés de 40 centimètres.

Ligne de Mons à Páris

Canal de Mons à Condé. Bief de Gœulzin. 30 jours : 15 juin 15 juillet.

Bas Escaut. De la frontière belge à Condé. Bief de Rodignies. 10 jours 15-25 juin. Bief d'Hergnies. 30 jours : 15 juin-15 juillet.

Moyen Escaut. De Condé à Etrun. 30 jours : 15 juin-15 juillet. Seront maintenus alternativement en eau : les biefs de Fresnes et de la Folie, les biefs de Trith et d'Haulchin.

Haut-Escaut. D'Etrun à Cambrai. 30 jours : 15 juin-15 juillet. Les biefs du Pont-Malin et d'Iwuy seront maintenus en eau.

Canal de Saint-Quentin. Versant de l'Escaut. 30 jours : 15 juin-15 juillet. Seront maintenus alternativement en eau les biefs de Cantimpré et de Proville, les biefs de Banteux et d'Honnecourt. — Bief de partage. 30 jours : 15 juin-15 juillet. — Versant de la Somme et de l'Oise. 30 jours : 15 juin-15 juillet. Seront maintenus alternativement en eau : les biefs d'Omissy et du Moulin-Brûlé, les biefs de Memressis et de Voyaux, le bief inférieur de Fargniers et le bief de Tergnier, le bief du canal et le bief de l'Oise à Chauny.

Canal latéral à l'Oise. De Chauny à Janville. 30 jours : 15 juin-15 juillet. Les biefs de Bellerive et de Janville seront maintenus alternativement en eau.

Etablissement commercial *ancienne maison* **MIRIO ET CIE**, a Paris, *rue Truffault, 26,* ayant pour objet le comm. des **METAUX**, fers, fonte et tubes av succrurs. à Paris, cité Lepage et a Rouen, 40, r. Victor Hugo, et compr., *client, mater. et droits aux baux.* A ADJr, ét. Mᵉ OLAGNIER, not., 27, bd des Italiens, 22 mars 93, 2 h. M. à pr. pouv. ét. baiss 50,000 fr. Loy. À remb March a pr. à dire d'exp Consignat 2,000 fr. S'adr a M. *Lissoty,* syndic de faill., 33, rue Saint-André-des-Arts, et aud. not.

PARTIE FINANCIÈRE

Notre marché a été bien meilleur cette semaine que la précédente et les cours de toutes nos bonnes valeurs se sont raffermis. Le vote de la Chambre de Belgique et l'apaisement qui en a été la conséquence ont été tres bien accueillis à la Bourse. Les retraits des caisses d'épargnes ont considérablement diminué et tout fait espérer une reprise des affaires et par suite de la hausse. Les capitaux sont toujours très abondants et s'opposent a toute baisse trop accentuée. Les places étrangères sont très bien tenues.

Le 3 0/0 fait 96 50; l'Amortissable, 96 75 ; le 4 1/2, 107 fr.

L'Italien est à 93 20 ; le Brésilien 4 0/0 est faible à 67 fr ; l'Argentin est en hausse à 338 fr ; l'Extérieure Espagnole cote 67 20.

L'Unifiée Egyptienne est ferme à 101 80 fr ; la Privilégiée, à 97 30 ; le Portugais remonte à 23 15 ; les Fonds Russes sont très bien tenus ; l'Obligation Hellénique est faible à 315 fr ; le Turc est à 22 30 ; la Banque Ottomane à 605 65.

La Banque de France est à 3,905 fr ; le Crédit Foncier à 975 fr ; la Banque de Paris à 678 75 ; le Crédit Lyonnais à 763 fr ; la Société Générale à 470 fr ; le Comptoir d'Escompte à 504 fr ; le Crédit Industriel, à 698 50 ; la Compagnie Algérienne, à 480 fr.

Nos Chemins de fer sont très bien tenus : L'Est, à 965 fr ; le Lyon, à 1542 fr ; le Nord, à 1867 fr ; l'Ouest à 1092 fr ; l'Orléannais, à 1585 fr ; le Midi, à 1330 fr ; le Sud de la France est lourd à 428 fr ; les Chemins Autrichiens sont à 647 fr ; les Lombards, à 260 fr ; les Nord-Espagne, à 178 fr.

Le Saragosse à 215 fr : les Andalous à 380 fr ; le Suez est en amélioration à

2,553 75 ; Les Voitures sont à 700 fr ; la Compagnie Parisienne du Gaz fait 1392 fr; le Gaz de Madrid cote 241 fr ; la Transatlantique est à 527 50 ; les Moulins de Corbeil cotent 675 fr.

Les détenteurs des parts de la Société des charbonnages de l'Esera refusent de livrer au-dessous de 535 et même de 540 fr. la part libérée ; ces prix nous paraissent devoir s'élever d'avantage.

La Banque de Paris et des Pays-Bas et la Banque Ottomane émettent en ce moment-ci 100,000 obligations 3 0/0 de la Compagnie du chemin de fer de Salonique à Constantinople ; ces obligations remboursables à 500 fr. par voie de tirages au sort annuels en 95 ans sont émises à 282 50 et rapportent 15 fr. d'intérêts. Elles sont garanties par le gouvernement Impérial Ottoman. Le siège de la Compagnie est à Constantinople avec un comité à Paris ; son conseil d'administration à Constantinople est composé de six membres, dont trois sont membres de la dette Publique Ottomane, cinq membres composent le comité de Paris. La ligne de Salonique à Constantinople, par la richesse des pays qu'elle traverse et les débouchés que lui ouvrent ses deux ports terminus, au.a certainement une grande importance.

MACHINE PERFECTIONNEE
à fabriquer des clous-pointes en fil métallique.
Système américain A. VAN WAGENEN
Breveté s. g. d. g. sous le N° 196479

Cette nouvelle machine présente, tant au point de vue de la construction qu'au point de vue du fonctionnement des avantages sérieux sur les systèmes actuellement en usage et permet de réaliser sur la main d'œuvre une notable économie. Elle donne d'excellents résultats, notamment en Amérique où elle est employée par un grand nombre d'industriels.

Une machine de ce système est actuellement installée dans les atelier des usines Pocock, 11 rue de *Flandre à Paris,* où MM. les industriels sont invités à venir les voir fonctionner.

L'inventeur, désireux de tirer parti de son brevet en France, cherche un industriel ou un constructeur pouvant s'intéresser à l'affaire.

Pour tous renseignements ou offres sérieuses, s'adresser à MM. Brandon et fils, ingénieurs-conseils à Paris, 59, rue de Provence.

ADJUDICATIONS

Adjudications prochaines

— Madrid, 27 avril : Construction d'un pont sur l'Ebre, à Tortosa. Montant des travaux 932,236 fr.

— Beaune, 29 avril : L'adjudication des travaux de la distribution d'eau, annoncée pour le 30, aura lieu le 29 avril. Le montant de la fourniture des fontes est de 79,500 fr. au lieu de 79,125 fr.

— Bourges, 29 avril : Reconstruction des ponts des Valots, de Brinon, des Rats et de la Borinière. Tabliers métalliques 17,500 fr.

— Beauvais, 29 avril : Construction de portes métalliques pour les écluses des dérivations de l'Oise, 240,000 fr.

— Bourges, 3 mai : Fourniture à l'artillerie de : 1° 118,000 kil. de cuivre rouge pur en lingots, par conversion de 167,000 k. de vieux étuis à cartouches tirés ; 2° 118,000 kil. de cuivre rouge pur en lingots, par conversion de 168,000 kil. de vieux étuis à cartouches tirés ; 3° 118 000 kil. de cuivre rouge pur en lingots, par conversion de 22,000 kil. de vieux étuis à cartouches tirés et de 143,000 kil. d'étuis neufs à cartouches écrasés.

— Versailles, 5 mai : Fourniture à l'école du génie de : manches d'outils de terrassiers et tranchants 21,320 04, pelles bêches et dragues 29,394 70, outils en acier 111,093 80.

— Paris, 5 mai : Fourniture aux chemins de fer de l'Etat de métaux divers, plaques de chaudières en cuivre rouge, barreaux de grilles, viroles pour tubes à fumée, rivets en cuivre rouge, goupilles fendues.

— Paris, 6 mai : Etablissement d'un passage supérieur au passage à niveau du chemin de fer des docks, boulevard Bessières. Travaux en fer 103,064 50.

— Paris, 6 mai : Direction des travaux de Paris. Construction de l'usine de Colombes. Charpente métallique 131 750 fr.

— Paris, 6 mai : Travaux de plomberie et fontainerie à l'hôpital Tenon, 35 665 fr.

— Anvers, 6 mai : Construction de la nouvelle écluse maritime au bassin Lefebvre, 1,983,900 fr.

— Nantes, 9 mai : Fourniture à l'établissement d'Indret de limes, fauchillons et limes-rabots pour cylindres.

— Mézières, 15 mai : Construction d'un pont fixe. Tablier métallique 23,090 fr.

— Moulins, 16 mai : Travaux à effectuer dans le dépôt de matériel des équipages militaires de La Mothe pour l'agrandissement d'un hangar Charpente métallique et serrurerie 53,302 58.

— Saint-Brieuc, 16 mai : Fourniture et pose des conduites en fonte et des appareils spéciaux à poser en ville et dans le territoire, 379,000 fr.

— Versailles, 5 mai : Fourniture à l'école du génie de : manches d'outils de terrassiers et tranchants 21 320 04, pelles, bêches et dragues 29,394 70, outils en acier 111, 09380.

— Beaune 26 avril : Une commission administrative se réunira à cette date à l'hôtel de ville pour recevoir les propositions des concurrents et décider de leur admission au concours ouvert pour la construction et l'installation, dans les bâtiments du moulin de la ville, de deux pompes actionnées l'une par une turbine, l'autre par une machine à vapeur, pour élever les eaux de la Bouzaize dans le réservoir des Theurons.

CHEMIN DE FER DE L'OUEST

Nous apprenons que la Compagnie de l'Ouest va reprendre, à partir du 1er mai prochain, son double service quotidien de jour et de nuit, entre Paris (Gare Saint-Lazare) et Londres, par Dieppe et Newhaven. Mais à la différence des années précédentes, le service de jour n'sera plus suspendu à l'automne, il continuera désormais pendant tout l'hiver, de sorte que la ligne Dieppe-Newhaven offrira toute l'année au public un double service de jour et de nuit (heures uniformes).

Départs de Paris : 9 heures du matin et 9 heures du soir.

Départs de Londres : 9 heures du matin et 9 heures du soir.

Billets simples entre Paris Saint-Lazare et Londres, valables pendant 7 jours : 1re classe, 43 fr. 25 ; 2e classe, 32 fr. ; 3e classe, 23 fr. 25.

Billets d'aller et retour entre Paris Saint-Lazare et Londres : valables pendant un mois : 1re classe, 72 fr. 75 ; 2e classe, 52 fr. 75 ; 3e classe, 41 fr. 50.

CHEMINS DE FER DE PARIS A LYON ET A LA MÉDITERRANÉE

Excursion en Corse
Du 3 au 26 avril 1893

La Compagnie Paris-Lyon-Méditerranée, d'accord avec la Compagnie des chemins de fer Départementaux et la Compagnie Marseillaise de Navigation à vapeur, vient d'organiser, avec le concours de l'agence des Voyages économiques, une excursion en Corse comprenant l'itinéraire suivant :

Paris, Nice, Bastia, Le Cap (Corse), Ile Rousse, Calvi,-Corte, Ajaccio, Propriano, Sartène, Bonifacio, Ajaccio, Marseille, Paris.

Prix de l'excursion complète : 1re cl. 159 fr. 20 2e cl. 408 fr. 75.

Ces prix comprennent le transport en chemins de fer, les traversées de Nice à Bastia et d'Ajaccio à Marseille, la nourriture, le logement, les voitures et omnibus pour les excursions indiquées au programme, etc., etc... et une franchise de 30 kilogrammes de bagages sur tout le parcours.

Le nombre des places est limité.

Les souscriptions sont reçues jusqu'au 30 mars 1893 inclusivement aux bureaux de l'agence des Voyages Economiques, 17, rue du faubourg Montmartre, et 10, rue Auber, à Paris.

On peut se procurer des renseignements et des prospectus détaillés : à la gare de Paris, P.-L-M et dans les bureaux succursales de la Compagnie : rue Saint-Lazare, 88 ; rue des Petites-Ecuries, 11, rue de Rambuteau, 6 ; rue du Louvre, 41 ; rue de Rennes, 45 ; rue Saint-Martin, 252 ; place de la République, 3 ; rue Sainte-Anne, 6 et rue Molière, 7 ; rue Etienne-Marcel, 18 et au bureau général des billets de chemins de fer de l'Hôtel Terminus de la gare de Paris Saint-Lazare (general Ticket Office).

CHEMINS DE FER DE L'EST

entre Paris Francfort-s/Mein

La Compagnie des Chemins de fer de l'Est rappelle au public que la route de Gagny-sur-Moselle Metz offre le trajet le plus direct pour se rendre de Paris Francfort-sur-Mein et réciproquement :

Aller. — Paris, départ à 8 h. 25 soir ; Franc-fort-sur-Mein, arrivée à 11 h. 06 matin.

Retour. — Francfort-sur-Mein, départ à 5 h. 20 soir ; Paris, arrivée à 8 h. 45 matin.

Services directs entre Paris, l'Allemagne et la Russie

Cinq express sur Cologne, trajet en 9 h. 1/2.

Départs de Paris à 8 h. 20 du matin, midi 40, 5 h. 20, 9 h. 25 et 11 h. du soir.

Départs de Cologne à 8 h. 30 du matin, 1 h. 15 et 11 h. du soir.

Quatre express sur Berlin, trajet en 19 heures.

Départs de Paris à 8 h. 20 du matin, midi 40, 9 h. 25 et 11 h. du soir.

Départs de Berlin à 1 h. 05, 9 h. 48 et 11 h. du soir.

Trois express sur Francfort-sur-Mein, trajet en 14 heures,

Départs de Paris à midi 40, 9 h. 25 et 11 h. du soir.

Départs de Francfort à 8 h. 15 du matin, 5 h. 25 et 10 h. 43 du soir.

Un express sur Saint-Pétersbourg, trajet en 90 heures.

CHEMIN DE FER DE L'OUEST

Une amélioration postale

A partir du 1er avril, les lettres à destination de l'Angleterre profiteront d'un départ supplémentaire, *moyennant simple taxe*, jusqu'à l'heure de départ du train de 8 h. 50 soir pour Dieppe et Newhaven (dernier train partant de Paris, gare Saint-Lazare, pour l'Angleterre).

Les lettres pour Londres seront distribuées dans la matinée ; les lettres à destination de la province seront réexpédiées par les courriers dont les départs suivent leur arrivée à Londres (8 h. du matin).

Heures de levées extrêmes :

8 h. 30 soir, au bureau de Paris, 18, rue d'Amsterdam.

8 h. 45 soir, aux deux boîtes de la salle des Pas Perdus de la gare Saint-Lazare.

Ce service fonctionnera le dimanche comme en semaine.

CHEMINS DE FER DE L'OUEST

La Compagnie des Chemins de fer de l'Ouest a l'honneur de porter à la connaissance du public que, depuis le 15 septembre courant, la durée de validité des billets d'aller et retour ordinaires de grandes lignes, délivrés aux conditions de son tarif spécial G. V. n° 2, vient d'être modifiée comme suit :

Pour les parcours de....

1 à 30 kilom.	—	1 jour
31 à 125	—	2 jours
126 à 250	—	3 jours
251 à 400	—	4 jours
401 à 500	—	5 jours
501 à 600	—	6 jours
au-dessus de 600	—	7 jours

L'amélioration consiste dans l'abaissement de 75 à 30 kilomètres de la 1re coupure et dans l'allongement d'un jour pour les parcours supérieurs à 400 kilomètres et de deux jours pour les parcours supérieurs à 600 kilomètres.

Ces délais de validité continuent à être augmentés, le cas échéant, des dimanches et jours de fête.

N. VUILLAUME

PARIS. 50, boulevard de la Villette, PARIS

FABRIQUE DE,
BOULONS, RIVETS, ECROUS, BRIDES, RONDELLES,
Vis à Chapeaux, — TIREFONS, CLEFS,
Goupilles doubles, Tiges à Souder, Moufles de tension
TARAUDS MERES. — Alésoirs, FILIÈRES
COUSSINETS, etc.

CHAUDRONNERIE EN CUIVRE ET EN FER

CHAUDIÈRES A VAPEUR

Spécialité de Tuyaux en Cuivre rouge soudés

MONTAGE D'USINES EN TOUS GENRES

J. GOUYER

167, Rue d'Allemagne, 167

PARIS

Usines de Grossalmerode

Pour la fabrication des Creusets pour
Fonderies

Becker et Piscandor

A Grossalmerode (Province de Hesse)
(Allemagne).

Creusets en plombagine et en terre
réfractaire de toutes dimensions et
de tous modèles pour la fonte de tous
métaux et des produits chimiques.

Grande résistance, prix les plus réduits

CRÉDIT aux NÉGOCIANTS & INDUSTRIELS **MARC LAPIERRE**
ANCIEN AVOUE
(TRÈS SÉRIEUX) PARIS, 3, Place d'Iéna, 3, PARIS
DE 9 HEURES A MIDI

FONTE D'ACIER **M. DALIFOL & Cie** En Magasin :
FONTE MALLEABLE 172, Quai Jemmapes, à PARIS ACIERS TOUTES QUALITÉ

A L'ORME ST-GERVAIS
Paris — 20, Rue du Temple, 20 — Paris
GAUTIER Frères
Outils pour Mécaniciens, Forgerons, Chaudronniers, Ferblantiers
Charpentiers, Charrons, Menuisiers,
Entrepreneurs de Travaux publics, etc., etc.